La vie du Vénérable
Père François Libermann

© L'Harmattan, 2008
5-7, rue de l'Ecole polytechnique ; 75005 Paris

http://www.librairieharmattan.com
diffusion.harmattan@wanadoo.fr
harmattan1@wanadoo.fr

ISBN : 978-2-296-05987-0
EAN : 9782296059870

André NÉMETH

La vie du Vénérable Père François Libermann

Traduit du hongrois par
Georges Kassai et Gilles Bellamy

Préface de Paul Coulon

L'Harmattan

Préface

Libermann ou « la grâce des deux testaments » dans la lignée de l'apôtre Paul

Q UAND ON A PASSÉ SOI-MÊME une vingtaine d'années à étudier l'itinéraire et la personnalité d'un homme comme François Libermann (1802-1852) en ayant traqué tous les documents et les écrits le concernant [1], on n'est pas peu surpris lorsque quelqu'un vient vous présenter la traduction d'une vie totalement inconnue de ce même Libermann, écrite en hongrois juste avant la seconde guerre mondiale et restée à l'état de manuscrit... Qui plus est, écrite par un ami du célèbre auteur britannique d'origine hongroise, Arthur Koestler (1905-1983) qui parle de lui à plusieurs reprises dans le deuxième tome de ses mémoires, *Hiéroglyphes* (*The Invisible Writing*, 1954). Et dans ces mémoires — surprise ! — on trouve un passage donnant précisément la genèse du manuscrit retrouvé en Hongrie dans la maison familiale et traduit par George Kassai :

« Pendant l'été 1939, Németh et Juci *[son épouse]* arrivèrent à Paris. Németh ne pouvait plus supporter l'atmosphère provinciale de Budapest. Ils avaient rassemblé un peu d'argent, de quoi vivre deux ou trois mois, et ils s'installèrent dans une petite chambre d'hôtel du quartier Moufffetard où Juci faisait la cuisine sur un réchaud à gaz et

---

[1]. Voir Paul COULON et Paule BRASSEUR, *Libermann, 1802-1852. Une pensée et une mystique missionnaires*, Paris, Le Cerf, 1988, 938 p.

lavait les chemises et les chaussettes de Németh dans le bidet. Németh approchait à présent de la cinquantaine mais il était resté l'éternel étudiant, étique, mal soigné, aux cheveux longs. Il avait résisté avec succès à toutes les tentations de la réussite. Il n'avait jamais fini un roman. Il avait fait quelques ouvrages de compilation admirablement écrits, parmi lesquels un livre sur la Commune de Paris de 1871. Il travaillait à présent à une vie du Père Lieberman *[sic]*, le fils d'un rabbin alsacien converti au catholicisme et devenu un missionnaire célèbre. Nous recommençâmes à passer de longs moments ensemble [...] Pendant l'Occupation, Németh et Juci se réfugièrent dans un petit village du Midi où ils vécurent sous un régime de résidence forcée, confinés dans un rayon de trois kilomètres, et dans la crainte perpétuelle de l'arrestation et de la déportation [2]. »

Pourquoi cette crainte, direz-vous ? André Németh était juif d'origine. On comprend alors pourquoi le dernier mot de ce manuscrit soit celui de « barbarie » suivi d'un point d'interrogation : vaut-il « mieux sauvegarder la paix ou déclarer la guerre à la barbarie ? »... Et pourquoi précisément cet intérêt, en 1939-1940, pour le Père Libermann ? Parce qu'André Németh s'était converti au catholicisme en 1938. C'est évidemment le profil spirituel de Libermann, son itinéraire singulier de fils de rabbin devenu chrétien et fondateur d'une société missionnaire qui l'a intéressé.

Habitant le quartier Mouffetard — l'avait-il choisi exprès ? —, Németh est à deux pas de la maison mère de la congrégation du Saint-Esprit, située au 30 rue Lhomond. Là où Libermann a passé les quatre dernières années de sa vie comme onzième supérieur général des Spiritains. Là où se trouvent, en 1939, non seulement les archives libermanniennes mais surtout le meilleur connaisseur de ces archives en la personne du Père Adolphe Cabon (1873-1961). Depuis

---

[2]. Arthur KOESTLER, *Œuvres autobiographiques*, Paris, Robert Laffont, 1994, Édition établie par Phil Casoar (Collection *Bouquins*), p. 715-717.

1929, ce dernier s'est lancé dans l'édition des *Notes et Documents relatifs à la vie et à l'œuvre du Vénérable François-Marie-Paul Libermann* [désormais cité : *ND*]. Les tomes VIII et IX sont sortis en mars et en juin 1939. Nul doute que Németh ait rencontré le Père Cabon et fait largement usage des documents contenus dans les soixante-dix-sept pages du premier tome concernant son itinéraire du judaïsme au christianisme, cependant que, dans le même temps, il fréquentait la bibliothèque de l'Arsenal pour élargir son horizon sur la France du premier XIXe siècle...

Bien évidemment, comme historien d'aujourd'hui, j'aurais beaucoup de remarques à faire sur cette biographie libermannienne d'André Németh, qui, dans le fond, nous en apprend peut-être autant sur les préoccupations de son auteur que sur Libermann lui-même. En effet, ce qui intéresse Németh, c'est « le mystère juif », pour reprendre le sous-titre de l'essai consacré à Kafka qu'il commencera, écrit-il dans la préface, « en 1940, dans une petite ville d'eau du Midi où j'avais dû me réfugier après la défaite [...] et selon une méthode quasi talmudique [3] ».

Plus du tiers de l'ouvrage sur Libermann concerne ses origines juives et son itinéraire jusqu'au baptême en Christ (1802-1826). Un autre tiers est consacré aux épreuves et au rayonnement de la personnalité de Libermann avant qu'il ne devienne prêtre et fondateur des missionnaires du Saint-Cœur de Marie (1826-1841). Les débuts de l'œuvre missionnaire sont évoqués (1842-1848) et tout va ensuite très vite (dix pages) pour les années de maturité où Libermann se trouve à la tête de la congrégation du Saint-Esprit (1848-1852). Plus que

---

[3]. André NÉMETH, *Kafka ou le mystère juif*, Paris, Jean Vigneau Éditeur, 1947, traduit du hongrois par Victor Hintz, p. 7.

ses œuvres, ce qui intéresse Németh, c'est la foi de Libermann, son profil spirituel singulier, et ce qu'il en écrit se lit bien car il a du style et saisit intuitivement bien des choses de la personnalité de Libermann, reconnaissant avancer des hypothèses personnelles, souvent assez justes [4]. Mais la pensée missionnaire de Libermann — si forte et originale vue depuis aujourd'hui — n'est pas évoquée en profondeur : il ne l'aurait pas pu, d'ailleurs, car, à cette époque, les Spiritains eux-mêmes ne considéraient guère en Libermann que le maître spirituel...

Qu'on me permette dans cette *Préface* de donner une lecture d'ensemble plus récente de la vie et de l'œuvre de Libermann, qui aurait sans doute plu à André Németh, car elle essaie de retrouver présente dans l'itinéraire de Libermann ce qu'il a lui-même appelé « la grâce des deux Testaments [5] ».

La fidélité de Libermann à sa bible hébraïque

J'ai essayé ailleurs [6] de montrer — comme l'a aussi fait André Németh mais avec moins de sources — que la « conversion » de Jacob Libermann s'était sans doute jouée autour de la quête du Messie, finalement reconnu en Jésus à la suite d'une grâce illuminative survenue après que le jeune homme, ne croyant plus guère qu'au Dieu des philosophes, se soit « retourné » dans une fervente invocation vers le Dieu de ses pères, le Dieu d'Abraham, d'Isaac et de Jacob. Qu'était

---

[4]. Il est un point, toutefois, dont je me démarquerais : il accorde trop d'importance, me semble-t-il, à l'influence, pour l'évolution du jeune Libermann à Metz, de la découverte des auteurs classiques grecs et latins avec leur panthéon de divinités...

[5]. LIBERMANN (François), *Commentaire de saint Jean*, édition critique, Paris, Nouvelle Cité, 1988 [désormais : *CSJ*], p. 76 (sur Jean 1 : 31).

[6]. Paul COULON, « Libermann 1822-1826 : de l'école talmudique (Metz) au baptême en Christ (Paris) », *Mémoire Spiritaine*, n° 24, deuxième semestre 2006, p. 9-172.

ensuite devenu le juif en lui ? Avait-il aussi complètement disparu à Saint-Sulpice que l'affirmaient certains auteurs ? Pour répondre à cette question, il faut se souvenir du contexte ecclésial des relations judéo-chrétiennes de l'époque. Les paroles que l'on trouvait dans le rituel du baptême pour les catéchumènes venus du judaïsme sont très claires :

> « – Renoncez-vous à l'endurcissement et à l'aveuglement des Juifs, qui n'ont pas voulu reconnoître notre Seigneur Jésus-Christ ? R). – J'y renonce. [...]
>
> – Croyez-vous qu'il [« ce divin Sauveur »] a abrogé par sa mort les cérémonies de la Loi de Moïse, et qu'elles sont tellement abolies, qu'on ne peut plus les observer sans péché ? R). – Je le crois [7]. »

À un jeune juif converti, M. Libman, Libermann rappelle, en 1850, les règles strictes imposées alors par l'Église :

> « Il est certain qu'en conscience vous ne pouvez pas prendre part aux cérémonies du judaïsme. Prendre part aux prières de la Synagogue [*ici mot écrit en hébreu*] sont tous désormais actes défendus à un chrétien [8]. »

En revanche, Libermann vit la continuité de la Parole de Dieu d'un Testament à l'autre en persistant toute sa vie à se référer à sa Bible hébraïque et même au Talmud [9], depuis Saint-Sulpice jusqu'à la fin de sa vie.

L'abbé Perrée, de Marseille, était au séminaire d'Issy, en 1836, avec Libermann. De ce dernier, il écrit :

---

[7]. *RITUALE PARISIENSE auctoritate Illustrissimi et Reverendissimi in Christo Patris et Domini D. Hyacinthi-Ludovici DE QUELEN parisiensis Archiepiscopi editum*, Paris, Le Clère et C^{ie,} Rue Cassette, n° 29, 1839, p. 70-71. Nous n'avons pas pu consulter le rituel précédent en vigueur lors du baptême de Libermann en 1826, mais il est peu probable que sur ce point il y ait eu des changements notables.
[8]. À M. Libman. « Paris, le 3 septembre 1850 » : *ND*, XII, p. 361.
[9]. C'est nous qui soulignons — par les italiques — dans certains témoignages.

« Il passait surtout pour très habile dans les antiquités hébraïques et tout ce qui concerne l'Écriture Sainte : les directeurs de Saint-Sulpice eux-mêmes le consultaient plus d'une fois là-dessus ou nous renvoyaient à ses lumières [10]. »

Le même et sur la même période, dira pour le procès de béatification :

« Il nous expliquait admirablement la Sainte-Écriture, même pour le sens littéral et nous donnait souvent des explications tirées d'une connaissance approfondie de l'hébreu et des explications rabbiniques [11]. »

Pour une autre période de sa vie — chez les Eudistes, à Rennes, même témoignage de la part d'un ancien novice de Libermann, alors prêtre depuis plus de dix ans, René Poirier (1802-1878), qui deviendra évêque de Roseau en Haïti :

« Tous les soirs c'était notre usage de ne parler que sur l'Écriture Sainte. Chacun citait à son tour un texte et l'expliquait de son mieux d'après les études qu'il avait faites. C'était là que brillaient la science et la piété du P. Libermann. Sa grande connaissance de la langue hébraïque, des traditions et des coutumes des Juifs le mettaient en état de nous donner des explications pleines d'intérêt [12]. »

À Rome en 1840, le futur chanoine de Vannes, Le Joubioux rencontre Libermann et décrit par la suite :

« Sur sa table, on voyait un crucifix, *la bible en hébreu*, le *Nouveau Testament* et l'*Imitation de Jésus-Christ* : c'était toute sa bibliothèque, c'est là qu'il a composé son commentaire sur l'Évangile selon saint Jean [13]. »

---

[10]. Lettre de Marseille, 9 juillet 1853 : *ND*, I, p. 306.

[11]. Archives générales spiritaines (Chevilly-Larue) [désormais : Arch. CSSp] : 12-B-V, 14, « Observations sur le questionnaire dans la Cause du Serviteur de Dieu le R. P. F. M. P. Libermann ». *ND*, I, p. 307.

[12]. Lettre de Port-d'Espagne (Trinidad), 8 décembre 1858 : *ND*, I, p. 345-346.

[13]. Témoignage de Mgr Le Joubioux, chanoine titulaire de Vannes : « Vannes, le 25 septembre 1874 », *ND*, II, p. 97.

Lorsque la société du Saint-Cœur de Marie est lancée, son neveu, François-Xavier Libermann, fait les mêmes constatations :

> « Je sais qu'il était fort versé dans la connaissance de l'hébreu et du Thalmud : je l'ai appris de la bouche de mon père, et mon oncle lui-même me l'a parfois fait entendre. À La Neuville, *j'ai vu habituellement une bible hébraïque dans sa chambre*[14]. »

Un prêtre habitué du diocèse d'Amiens, M. Delucheux, qui fut élève à Saint-Sulpice, dans une lettre du 14 janvier 1877, nous donne une perle au milieu d'un fatras de considérations échevelées :

> « Vous ai-je dit qu'au faubourg Noyon [*où Libermann déménagea le 24 avril 1847*], le cher Vénérable me disait le soir, après souper, dans sa chambre : "Voilà ma bible en hébreux ; je lis cela comme la Gazette, grâce à mon judaïsme. Ce qui m'a converti, c'est que j'ai reconnu qu'Israël a été infidèle, tant qu'il a été la vraie religion, étant tenté à l'idolâtrie par Satan. Mais depuis qu'il est faux, il est fidèle. Satan l'endort dans l'erreur." Rien n'est plus juste et plus logique [15]. »

Dernier témoignage enfin, de la part d'un étudiant de Notre-Dame du Gard où Libermann fait un séjour prolongé, quelques mois avant sa mort :

> « Un jour que nous prenions notre récréation sous la belle charmille du Gard, j'eus, quoique des plus jeunes, le courage, à l'occasion de causeries théologiques, de lui demander si, parmi les ministres protestants et les rabins [*sic*], il pouvait y en avoir qui fussent dans la bonne foi. - Oui, répondit-il sans hésiter, et plus qu'on ne pense. L'effet produit sur moi par cette affirmation si catégorique, fut de changer, à l'instant, en une

---

[14]. *Processus ordinarius in Causa Beatificationis et canonizationis Servi Dei Francisci-Mariæ-Pauli Libermann...*, Déposition à la Session XXV, 4 mars 1869, p. 543. C'est nous qui soulignons.
[15]. Arch. CSSp : 12-B-IX. Reproduit en note par *ND*, I, p. 98-99.

vraie compassion, l'indignation que je nourrissais contre les ministres de l'erreur [16]. »

Bien entendu, en disant cela, Libermann ne pouvait que penser à son père, le rabbin de Saverne, et à d'autres, sans doute... Cette certitude sans hésitation qui l'habitait en 1850 montrait qu'il avait fait sa « synthèse personnelle » sur son propre passage du judaïsme au christianisme. Il me semble que cette synthèse et cet équilibre vital lui sont venus de la lecture qu'il a faite de sa propre vie et de sa vocation missionnaire à la lumière de la vie et de la vocation de l'apôtre Paul.

Sa propre vocation rattachée à celle de l'apôtre Paul

Le premier texte missionnaire connu de Libermann est celui d'une lettre écrite le dimanche 15 décembre 1839, depuis Lyon, à M. Féret, prêtre, directeur au séminaire de Nantes [17]. En y défendant avec passion la vocation aux Nègres de M. de la Brunière, à partir de l'exemple de l'apôtre des Gentils — du « grand saint Paul » —, c'est son propre itinéraire de juif passé au Christ et sa propre vocation missionnaire que Libermann défendait [18].

Plusieurs témoignages portant sur ses années à Rennes et les semaines qui ont précédé son choix de l'Œuvre des Noirs, en 1839, nous montrent, comme par hasard, un Libermann plongé dans saint Paul. Ainsi, M. Mangot - il faisait partie de ces jeunes aspirants eudistes étudiant à Issy et partis à Rennes

---

[16]. Lettre du 5 mai 1893, Arch. CSSp : 14-A-V. *ND, Compléments*, p. 181-182.

[17]. *Lettres spirituelles du Vénérable Libermann*, 3ᵉ éd., Paris, Poussielgue, [1889] [désormais cité : *LS*], t. II, p. 307-318.

[18]. Pour l'analyse de cette lettre, voir : Paul COULON, « Libermann chez Frédéric Ozanam, en décembre 1839 : l'embellie de Lyon et la grâce de Fourvière », *Mémoire Spiritaine*, n° 6, deuxième semestre 1997, p. 7-36.

en même temps que Libermann pour faire leur noviciat avec lui – témoigne :

> « En récréation, il nous édifiait par ses considérations sur saint Paul, qu'il nous représentait comme n'écrivant pas une ligne de ses lettres sans avoir l'œil fixé sur le divin Maître. Il ajoutait que l'humanité sainte de Notre-Seigneur devait être le modèle de tous les chrétiens. Il m'engageait en particulier à lire les épîtres de saint Paul [19]. »

À la fin des vacances d'été, en septembre 1839, sans encore savoir qu'il va bientôt quitter Rennes pour Rome, Libermann passe quelque temps à Issy où il est très attendu par les séminaristes. Le P. Collin se rappelle que, lors d'une « promenade au bois de Fleury » avec Libermann, « sur la prière qu'on lui en fit, il prit son *Novum Testamentum*, se mit à expliquer, pour l'édification de tous, quelques passages de saint Paul [20]. »

Un mois plus tard, en octobre 1839, il écrit une lettre à deux frères, les frères Daniel, qui viennent de passer du judaïsme au christianisme dans des circonstances que nous ne connaissons pas [21]. Lettre précieuse, car, avec celle adressée en 1850 à M. Libman, déjà citée, c'est tout ce qui nous est parvenu d'une correspondance éventuelle comme conseiller spirituel avec d'autres convertis du judaïsme. Comment Libermann parle-t-il aux frères Daniel ?

> « Je ne crains pas de vous nommer mes frères et mes très chers frères, non pas selon la chair et le sang en Abraham, mais selon l'esprit de Dieu et en Jésus, notre souverain Seigneur, et désormais votre unique amour. »

---

[19]. Procès apostolique, déposition du 10 février 1882. *ND*, I, p. 521.
[20]. « Renseignements recueillis par le P. Delaplace de la bouche du R. P. Collin », « Paris, 16 juillet 1856 » : *ND*, III, p. 365.
[21]. À « Monsieur Daniel, rue de l'Échiquier, 12, Paris », « Rennes, le 10 octobre 1839 » : *ND*, I, p. 473 + *LS*, II, p. 281-284.

Toute la lettre est ensuite centrée sur la personne de Jésus dans une perspective et avec un vocabulaire entièrement pauliniens, citations implicites — presque toujours chez Libermann —, comme si ce dernier pensait que le langage du converti à Jésus sur le chemin de Damas était le seul à convenir à des néo-convertis du judaïsme :

> « Que vos âmes se dilatent dans la douceur, la paix, la joie et la sainteté du saint amour de Jésus. [...] Je ne sais si vous concevez bien ma pensée que je veux exprimer ; car quand on parle de l'amour de Jésus dans les âmes, on ne peut jamais s'expliquer ni se faire comprendre ; car qui a jamais pu comprendre la longueur, la largeur, la hauteur et la profondeur de la science, et l'immensité de l'amour de Jésus [22] ? »

Dans le fond, Libermann essaie de développer chez ses correspondants néophytes l'attitude profonde qu'il avait lui-même adoptée à la suite de l'apôtre Paul :

> « Tous les avantages que j'avais autrefois, je les considère maintenant comme une perte, à cause de ce bien qui dépasse tout : la connaissance du Christ Jésus, mon Seigneur. [...] Une seule chose compte : oubliant ce qui est en arrière, et tendu vers l'avant, je cours vers le but... » (Ph 3 : 8-14.)

L'année qu'il passe à Rome en 1840, c'est le bon moment à partir duquel considérer l'itinéraire de Libermann. C'est à Rome que s'achève en quelque sorte son « enfance », sa « formation », son initiation chrétienne : c'est là qu'il va trouver sa place dans l'Église, sa vocation spécifique, d'une façon telle que son passé juif est intégré dans sa vocation aux gentils. Devant la *Confession* à Saint-Pierre, il médite sur le destin de ces « deux pauvres juifs » que sont les apôtres Pierre et Paul. C'est la première lettre de Paul aux Corinthiens qu'il commente à Luquet. Dans son *Commentaire de S. Jean*, écrit

---

[22]. Citations : *LS*, II, p. 283-284. Ajoutons que le langage de l'École française est bien présent lui aussi.

au fil de la plume en attendant que l'horizon ne s'éclaircisse, il contemple à la fois le mystère d'Israël acceptant ou refusant le Christ mais aussi le mystère de sa propre vie et de sa propre vocation aux gentils :

> « Les Pharisiens rejettent le Sauveur et les gentils le recherchent. Il y a d'abord un sens mystérieux en cela [...] Dieu choisit souvent dans le monde des peuples en particulier, pour leur communiquer des grâces et des dons spéciaux, dans un dessein de miséricorde pour tout ou pour une grande partie du genre humain. Il en est alors comme des hommes isolés que Dieu se forme et qu'il comble de dons spéciaux pour le salut d'un grand nombre de leurs semblables. [...] Ces réflexions méritent de fixer l'attention des hommes que Dieu choisit pour évangéliser, pour sanctifier les peuples [23]. »

On a souligné avec raison « la signification pour le domaine de la biographie libermannienne » du *Commentaire de S. Jean* écrit pendant l'année 1840 où il était à Rome. Alors que Libermann ne sait encore rien de l'issue concrète de cette année, il sait par contre comment Dieu agit dans l'histoire de l'Église comme dans celle des particuliers. Le commentaire qu'il fait de l'épisode de la tempête apaisée dans l'évangile de Jean (6 : 16-21), il l'applique sans aucun doute à son propre cas :

> « Notre-Seigneur d'ailleurs leur ordonna de se retirer afin d'opérer en leur faveur ce grand miracle pour augmenter leur foi, et pour leur donner *une image* corporelle de *ce qui devait leur arriver dans la suite spirituellement et à toute l'Église et à toutes les âmes en particulier*. Jésus les fait embarquer sur une mer orageuse, pendant *la nuit la plus obscure de l'âme*, ou des persécutions s'il s'agit de *l'Église*, sans aucune espérance de secours et sans pouvoir arriver à bord ; mais quand Jésus les voit bien embarrassés et bien en peine, il vient à leur secours, au milieu de la mer

---

[23]. *CSJ*, p. 728-734, sur Jn 12 : 20-21 : « [20]*Erant autem quidam Gentiles, ex his qui ascenderant ut adorarent in die festo.* [21]*Hi ergo accesserunt ad Philippum, qui erat a Bethsaida Galilaeae, et rogabant eum, dicentes : Domine, volumus Jesum videre.* »

dont il foule aux pieds les eaux qui veulent submerger ses enfants, et au milieu des vents et des tempêtes, et à peine arrivé auprès d'eux il n'y a plus de tempête et ils sont de suite comme sur une terre ferme où ils marchent *avec assurance et avec paix* [24]. »

Le profil particulier de Libermann parmi les convertis du XIXe siècle

Son passage aux Gentils par sa vocation aux Nègres et son identification intérieure à l'apôtre Paul expliquent aussi le profil particulier de Libermann dans la galerie des convertis du judaïsme dans le premier XIXe siècle. Il faut avoir bien peu étudié cette période ou le cas de Libermann pour affirmer avec Pierre Pierrard :

> « Quelques noms dominent le groupe importants des "convertis" devenus "convertisseurs" : le rabbin strasbourgeois David Drach (1791-1865) ; le vénérable François-Marie Libermann [25] (1802-1852) ; les frères Théodore-Marie (1802-1884) et Alphonse-Marie (1812-1884) Ratisbonne, fils d'un riche banquier de Strasbourg, fondateurs des congrégations des Prêtres et des Sœurs de Notre-Dame-de-Sion voués à l'apostolat des juifs [...] [26]. »

Cette affirmation de Pierrard, en ce qui concerne Libermann, est entièrement fausse, et c'est en cela qu'il se distingue et de son « catéchète » Drach et des frères Ratisbonne. Alors que ceux-ci, sur les traces de Pierre, se tournaient vers la Synagogue d'où ils venaient, Libermann

---

[24]. *CSJ*, p. 274. C'est nous qui soulignons.
[25]. Si l'on donne plusieurs prénoms, on n'omet surtout pas le troisième : Paul, auquel Libermann était certainement très attaché...
[26]. Pierre PIERRARD, *Juifs et catholiques français. D'Édouard Drumont à Jacob Kaplan (1886-1994)*, Paris, Le Cerf, 1997, p. 23. Pareille affirmation déjà présente dans l'édition de 1970 n'a pas été corrigée. Il est vrai qu'elle se trouve dans l'introduction de l'ouvrage, vaste panorama fourre-tout résumant tout le début du siècle qui n'est pas le sujet traité...

trouvait sa vocation à la suite de l'apôtre Paul. Les seuls juifs qu'il essaya de « convertir » furent les membres de sa famille proche qui ne l'étaient pas, comme sa demi-sœur Sara, avec laquelle il discute longuement religion à Saverne, en septembre 1836, mais sans beaucoup de succès et à laquelle il promet d'en rester là :

> « Le second jour, je touchai encore un point capital ; mais, voyant qu'il n'y avait rien à faire et que je lui faisais de la peine, je la laissai tranquille. Je lui demandai de m'écrire et de recevoir de mes lettres. Elle ne voulait pas d'abord ; j'entrevis sa raison et je lui promis de ne jamais lui parler de religion dans ma correspondance ; elle accepta mon offre à cette condition, et me demanda ma première lettre pour la fête des Tabernacles [27]. »

Qu'à partir du moment où Libermann devient fondateur, quelque chose se passe en lui et donne une dimension nouvelle à sa personnalité, preuve que la chrysalide est enfin devenue papillon, nous le voyons dans la façon dont il est amené à inventer sa voie en se détachant peu à peu de la tradition sulpicienne d'où il sort. Il s'en explique admirablement à son *alter ego*, M. Le Vavasseur parti missionner à l'île Bourbon, dans une lettre du 10 mars 1844 :

> « Quant aux Sulpiciens, ce sont de saintes gens, capables de donner de bons conseils en tout ce qui concerne l'esprit ecclésiastique ; mais pour nos affaires, ce ne sera jamais chez eux qu'il faudra chercher des avis. Il est reconnu et certain qu'ils entendent peu tout ce qui se passe hors de leurs maisons ; ce serait une chose bien extraordinaire qu'ils comprissent et pussent bien juger de ces choses dont ils n'ont aucune expérience et dont ils ne peuvent avoir une idée exacte. Encore une fois, en cela, nous mettons notre confiance en Dieu, consultons-le puisque

---

[27]. À son frère médecin et à sa belle-sœur, à Strasbourg. « Issy, le 23 septembre 1836. » *ND*, I, p. 166-168 et pour le corps du texte, *LS*, I, p. 196-201, citation, p. 199-200.

nous n'avons guère d'autres conseillers pour le moment. C'est l'avis de M. Carbon, qui me dit cela l'an passé [28]. »

Non pas que le vocabulaire et les catégories de l'École française disparaissent complètement chez Libermann, mais l'expérience du fondateur qu'il est devenu l'amène à modifier ce que le directeur spirituel qu'il a été pendant des années avait appris à Saint-Sulpice. Cela n'a pas échappé à Yves Krumenacker dans son gros ouvrage de synthèse d'un séminaire de la faculté de théologie de Lyon — réuni autour de lui-même et de Jean Comby —, consacré pendant sept ans à l'école française de spiritualité et auquel j'ai participé moi-même pendant les cinq dernières années. On peut considérer comme très juste les lignes de conclusion des pages consacrées à Libermann :

> « Pourtant, après avoir quitté Rennes, Libermann ne fera presque plus d'allusion à Olier ou à Jean Eudes. Ce ne sont pas pour lui des maîtres dont il cherche à devenir le disciple. Ils lui ont simplement permis d'aboutir à une synthèse spirituelle personnelle. Ayant assumé leur pensée, il peut s'en détacher pour se mettre, avec un esprit fidèle au leur, au service des plus pauvres et des plus démunis, les Noirs esclaves ; et tout d'abord en formant les prêtres qui pourront les évangéliser. En effet Libermann, comme beaucoup de bérulliens du XVIIe siècle, a été un formateur de prêtres doté d'une vaste sensibilité apostolique et missionnaire [29]. »

Le chant du Serviteur

Faut-il alors s'étonner que le texte le plus célèbre — à mon avis, à juste titre, car l'essentiel de Libermann y est — soit celui

---

[28]. « À Monsieur Le Vavasseur, Missionnaire apostolique, à Saint-Denis, Île Bourbon. » « À La Neuville, le 10 mars 1844. » *ND*, VI, p. 118. On remarquera que c'est un sulpicien, M. Carbon, qui convient avec lui de la chose...
[29]. Yves KRUMENACKER, *L'école française de spiritualité. Des mystiques, des fondateurs, des courants et leurs interprètes*, Paris, Le Cerf, 1998, p. 598.

de la lettre à la communauté de Dakar et du Gabon, en date du 19 novembre 1847 [30], *lettre pétrie de la pensée de saint Paul*, offrant une magnifique théologie et spiritualité missionnaires à l'imitation du Christ Serviteur. Il y définit l'attitude fondamentale de la mission en acte. Toute la lettre contient une multitude de parallélismes avec les lettres de saint Paul. Mais, dans la dernière partie, nous pouvons repérer une *structure particulièrement saisissante* : la même que celle du texte de saint Paul dans Philippiens 2 : 5-11. Il s'agit du *mouvement même de la Kénose* dans l'hymne paulinienne, que le texte libermannien épouse point par point. La mission se trouve, du coup, définie par ce qui sous-tend la pensée de saint Paul lui-même, c'est-à-dire le *chant du Serviteur* d'Isaïe 52 : 13 à 53 : 12. Dans le missionnaire, on ne peut trouver d'autres « dispositions » que celles « que l'on doit avoir dans le Christ Jésus, Lui qui... » (*Ph* 2 : 5).

Cette vision de la mission s'inscrit dans diverses traditions dont Libermann est l'héritier. Il relit saint Paul dans la ligne sulpicienne de M. Olier, lui-même disciple de Bérulle pour qui l'*exinanition* (kénose) et la *servitude* sont au cœur du mystère de l'Incarnation. Aux origines des Missionnaires du Saint Cœur de Marie, à travers ses tout premiers membres, on retrouve le même esprit : Tisserant, lui-même d'ascendance haïtienne et donc africaine, veut être « entièrement l'esclave des anciens esclaves » ; Mgr Truffet, premier vicaire apostolique de Dakar, disait des Africains : « Trop longtemps, ils ont été esclaves. C'est à leur tour d'être servis, et à nous d'être leurs serviteurs. » Il y a aussi l'horizon de la grande

---

[30]. Cf. Paul COULON, « "Faites-vous nègres avec les nègres" ou la stratégie missionnaire d'un mystique (1847) », in : P. COULON, P. BRASSEUR, *op. cit.*, p. 489-546.

tradition missionnaire : grâce à son ami Luquet (1810-1858), des Missions étrangères de Paris, Libermann a découvert les *Instructions* de la S. C. Propagande de 1659 avec leurs consignes disant équivalemment : « Faites-vous chinois avec les Chinois ».

Quelques mois avant sa mort, Libermann écrit à un jeune missionnaire débarquant à Grand-Bassam, M. Lairé : « Ce peuple africain n'a pas besoin et ne sera pas converti par les efforts de missionnaires habiles et capables : c'est la sainteté et le sacrifice de ses Pères qui doivent le sauver [31]. » Être saint et être missionnaire, c'est la même chose : c'est entrer dans le mouvement de l'*agapè* trinitaire. Libermann, loin de concevoir la mission comme un *dé-paysement exotique* (sortir « *de chez-soi* »), la présente comme un *dépassement kénotique* (sortir « *de soi* »).

On remarquera que lorsqu'André Nemeth nomme pour la dernière fois Libermann, dans son avant-dernier paragraphe, il lui donne le prénom de Paul... Erreur ou lapsus significatif, l'auteur n'ayant pas pu ne pas faire le rapprochement entre le destin de l'apôtre des nations et celui de Libermann, participant tous les deux au même « mystère juif » ?

En conclusion

Le petit juif de Saverne a revécu dans son corps et dans son âme toute l'histoire de son peuple : en lui, fils d'Israël ayant revêtu le Christ, le Dieu de l'Alliance se révèle Lumière des Nations. Et si Libermann reste un maître, c'est qu'il fut

---

[31]. À M. Lairé. Paris, le 8 mai 1851. *ND*, XIII, p. 143. Lettre analysée longuement dans *Mémoire Spiritaine*, n° 2, novembre 1995 : Paul COULON, « L'évangélisation de la Côte-d'Ivoire : préhistoire spiritaine d'un Centenaire » [Présentation et analyse de la correspondance Libermann/Lairé en 1851], p. 100-127.

d'abord un disciple et un témoin passionné. Il n'a jamais réduit l'aventure missionnaire à une stratégie de conquête, sa politique missionnaire fut d'abord une mystique. « L'intérêt, la question, l'essentiel est que dans chaque ordre, dans chaque système la mystique ne soit point dévorée par la politique à laquelle elle a donné naissance » (Péguy). Libermann n'a rien fait d'autre que de prendre au sérieux le mouvement même du salut à l'imitation du Serviteur : « aller jusqu'au bout » (Jn 13, 1) du Dieu de Jésus-Christ, passer du Très-Haut au Très-Bas...

Paul Coulon, spiritain

Directeur honoraire de l'Institut de Science
et de Théologie des Religions (Institut catholique de Paris)
Membre titulaire de l'Académie des Sciences d'Outre-Mer

LIVRE I

CHAPITRE I

Une enfance douloureuse

Le père du Vénérable Père François Libermann était commerçant avant de devenir rabbin. Pareille mutation n'est pas rare chez les Juifs. Le service de la Synagogue, qui consiste à réciter des prières, entonner des cantiques, lire le Pentateuque, distribuer les aumônes publiques, surveiller l'éducation de la jeunesse, assister les mourants, présider aux enterrements et aux cérémonies qui les accompagnent, etc., est généralement assuré par des laïcs. Et quand les rabbins s'en chargent, c'est en tant que simples particuliers. Quant au mariage, le rabbin ne fait que le bénir, acte que n'importe quel Israélite a le droit d'accomplir et qui, d'ailleurs, n'a qu'une portée modeste : le divorce peut être prononcé sans produire aucun document, la cérémonie du mariage se réduisant elle-même à une simple déclaration de l'époux – qui offre ainsi une sorte d'objet de valeur à l'épouse, laquelle l'accepte sans rien dire. La présence du rabbin n'est même pas nécessaire : celle de deux Israélites suffit pour valider le sacrement.

Plus qu'une charge ou une profession, le rabbinat est un titre qui honore un érudit versé dans les sciences du sacré. On comprend qu'un tel honneur constitue l'ambition suprême de tout Juif attaché à sa religion et que l'étude des textes sacrés soit une de ses principales préoccupations, même si la vie l'oblige à exercer une profession « profane ». Aussi, tout Juif quelque peu aisé, marchand, artisan, aubergiste ou autre, ayant une fille à marier, s'engage-t-il, dans le contrat nuptial, à assurer, pendant un certain nombre d'années, le gîte et le couvert à son futur gendre, afin de lui permettre d'embrasser plus tard la carrière de rabbin. Combien de jeunes épouses juives sont obligées de tenir boutique et d'exécuter les corvées ménagères, pendant que leurs pieux et savants maris, assis dans la maison de prières et caressant leur barbe, pâlissent sur le Talmud. Peu importe de savoir s'ils comprennent ou non les interprétations, souvent spécieuses, des lois, les raisonnements sophistiqués des théologiens babyloniens – le fait de s'en occuper est en lui-même méritoire. « Tu n'échapperas pas à l'enfer si tu détournes ton fils de l'étude » dit Boruch Moïché, un des personnages de Schalom Asch, à sa femme Rifké, parce que, malade et surchargée de travail, elle a permis à son fils de dix ans de l'aider, les jours de marché, à dresser l'éventaire et à porter les marchandises. Personne n'aurait l'idée de reprocher au mari ou au fils d'invoquer le prétexte de l'étude pour se décharger sur l'épouse ou sur la mère des difficultés de la vie quotidienne. En effet, aux yeux du Juif, la méditation constitue l'occupation la plus noble et la plus appréciée. Dépourvue de tout objectif pratique, n'ayant aucun rapport avec la réalité, n'obéissant même pas à un besoin psychologique, celle-ci représente le mode d'existence le plus prisé par le peuple juif. On accole souvent à celui-ci – à juste titre – des qualificatifs comme « malin » ou « débrouillard ». Mais les Juifs (tout au moins ceux qui sont fidèles à leurs traditions) méprisent la réussite sociale : à leurs yeux, c'est la connaissance approfondie du Talmud qui constitue la valeur suprême. Aussi, les riches Juifs se sentent-ils honorés de voir un jeune talmudiste épouser leurs filles. Décidant de bonne heure du sort de leurs enfants, ils fiancent leurs filles, dès l'âge de quatre ou cinq ans, à un jeune élève, à l'esprit vif, d'une Yeshiva, élève dont ils assurent par la suite la subsistance matérielle, afin qu'il puisse poursuivre ses études jusqu'à la fin de ses jours.

Lazare Libermann était, lui aussi, un illustre talmudiste qui n'exerçait qu'accessoirement le métier de commerçant. Nous ignorons pourquoi – et à quelle date – il abandonna ses occupations profanes. Selon toute vraisemblance, commerçant, il jouissait déjà d'un grand respect parmi ses coreligionnaires. Aussi ces derniers le placèrent-ils à la tête de leur communauté, au moment où le Consistoire de Saverne fut reconnu par l'Etat, à la suite des décrets sur l'émancipation des Juifs.

Cette émancipation avait été voulue par Napoléon qui, désireux de parachever l'assimilation des Juifs, avait convoqué le Grand Sanhédrin (assemblée réunissant les délégués de tous les Consistoires, donc l'élite de la communauté juive) pour discuter, avec les représentants du pouvoir impérial, de la meilleure façon d'intégrer les Juifs à l'Etat français sans pour autant contrevenir aux lois de leur religion. L'appel que l'Empereur adressa dans ce sens aux Juifs eut un large retentissement. Certains – dont Metternich – accusèrent l'Empereur de n'avoir voulu émanciper les Juifs que pour servir ses projets de conquête de l'Europe de l'Est, une telle mesure étant susceptible de gagner à la cause de la France les Juifs de Prusse, de Pologne et de Russie. Quant à la communauté juive, elle accueillit cette « faveur » avec des sentiments mitigés. Certains, déjà assimilés dans leur âme, saluèrent, pleins de reconnaissance, ce geste de l'Empereur, d'autres – la majorité silencieuse des traditionalistes – se montrèrent réservés. Se considérant comme représentants du peuple élu de Dieu, fiers de ce qu'on peut appeler leur marginalité, ils méprisaient profondément les « étrangers » au milieu desquels ils vivaient, et assumaient avec une sombre ostentation les signes caractéristiques de leur différence, le caftan, les papillotes, les chapeaux de feutre à large bord. Nullement désireux de s'« assimiler » à la société bourgeoise de leur époque, ils voyaient dans le décret impérial une atteinte à leur identité profonde ; plutôt que d'abandonner leurs vêtements et leur coiffure traditionnels et de se fondre dans un entourage qu'ils considéraient comme suspect et inquiétant, ils se seraient montrés prêts à remettre sur leurs vêtements la rouelle, « l'étoile jaune » de leurs ancêtres. Cependant, s'étant interdit de participer aux délibérations destinées à décider de leur avenir, ils laissèrent le Sanhédrin conclure avec l'Etat un pacte en vertu duquel la confession juive était reconnue par l'Etat et les Juifs devenaient citoyens à part entière de l'Empire.

C'est ainsi que Lazare Libermann dut demander son inscription sur les registres de l'Etat civil. Le nom de Liebermann, assez répandu en Alsace, signifie « homme aimable ». Sans « e », c'est un nom typiquement juif dont le sens est : « l'homme qui lave, habille et veille les morts »

La femme du rabbin, Léa, était née Hündel. Le couple eut six enfants : Samson, David, Enoch, Jacob, Nathan et Esther. Jacob (Jäckele) naquit le 12 avril 1802. C'était un enfant souffreteux dont les parents ne pensèrent pas qu'il survivrait.

Malgré le décret napoléonien, l'intégration des Juifs n'allait pas sans problèmes. Désormais Français aux termes de la loi, les Juifs tenaient à afficher leur différence aussi bien par leur aspect extérieur que par leur comportement. C'est que la religiosité juive, plutôt que de viser l'élévation de l'âme, revient à observer un ensemble de prescriptions qui règlent le moindre détail de la vie quotidienne. En vain, certains théologiens juifs de l'époque – dont le rabbin Hillel – insistèrent-ils sur le fait que la loi fondamentale des deux religions – la juive et la catholique – préconisait avant tout l'amour du prochain ; en vain certains penseurs chrétiens rappelèrent-ils que le christianisme était l'accomplissement des prédictions formulées par les prophètes de l'Ancien Testament ; en vain les esprits éclairés invoquèrent-ils le principe du salut public et de l'égalité, principe qui, proclamant la suppression de toute différence entre les hommes, visait, en fait, à instaurer ce royaume de Dieu sur la terre dont parlaient les deux religions – les Juifs attachés à leurs traditions restèrent sourds à tous les arguments, qu'ils fussent d'ordre théologique ou sociologique. La lecture de la littérature profane étant interdite aux Juifs orthodoxes, les idées du siècle des Lumières n'avaient pu affecter leur mentalité, dominée, même en ce début du 19ème siècle, par le Talmud babylonien. Il s'avéra alors que la fameuse « débrouillardise » des Juifs ne se manifestait que dans les détails de la vie quotidienne : quant aux grands mouvements d'idées qui avaient bouleversé le cours de l'Histoire, ils y étaient insensibles. On comprit – ce qui n'était guère une surprise pour ceux qui connaissaient les Juifs de près – que les partisans de l'assimilation, loin d'exprimer le souhait de la communauté, étaient, en réalité, des « renégats ». La grande majorité des Juifs, considérant l'intégration à la société chrétienne comme contraire à la volonté divine, protestait bec et ongle, notamment en observant scrupuleusement un mode de vie tranchant sur celui de son entourage.

*

Les Libermann habitent la « maison juive » près de la Synagogue. En y entrant, le visiteur découvre, clouée au montant de la porte, cette petite gaine de cuir qui renferme, écrite sur un parchemin, la profession de foi des Israélites. A l'intérieur, les symboles religieux se multiplient. C'est d'abord, fixé au mur et soigneusement encadré, le calendrier rappelant à la famille l'anniversaire (Jahrzeit) de ses morts. Ce jour-là, il faut allumer une mèche à huile. Sur le buffet trône le chandelier à sept branches qu'il faut, chaque vendredi soir, planter au milieu de la table solennellement mise, près du « barkhès » (brioche torsadée saupoudrée de grains de pavot). Dans le buffet, les ustensiles destinés à contenir du lait sont séparés de ceux réservés aux aliments gras. Dans la semaine où l'on commémore l'exode d'Egypte, il est interdit de manger du pain fait avec du levain. On procède au grand ménage : pas une miette de levain ne doit souiller l'habitat.

La famille vit à l'étroit : le logis ne comporte que trois pièces dont l'une est réservée au chef de famille, qu'il est interdit de déranger pendant ses méditations savantes. Il appartient à l'épouse d'empêcher les enfants de faire du bruit. D'une façon générale, c'est elle qui est chargée de leur éducation. De plus, tout en vaquant à ses multiples occupations, elle doit écouter et filtrer les visiteurs venus consulter son mari.

Le rabbin de Saverne avait la réputation d'un homme très savant et très honorable. Chargé d'enquêter sur les parents du Révérend Père Libermann, le père Jean Bosch, de la Congrégation du Saint-Esprit, note, à l'intention de ses supérieurs : « La voix unanime de tous les Savernois, juifs, catholiques et protestants, atteste que le rabbin Libermann était un homme droit, honnête et surtout plein d'une charité tout à fait chrétienne. On m'a montré, dans la maison qu'il habitait, la chambre qui était destinée à recevoir, jour et nuit, les indigents frappant à sa porte. Il les entretenait à ses propres frais sans jamais rebuter personne. Le rabbin Libermann était aussi très estimé pour sa science. Tous ses coreligionnaires, à quatre lieues à la ronde, affirment avec une certaine affectation que la synagogue n'a jamais trouvé parmi ses ministres son pareil pour le savoir. A les en croire, ses connaissances étaient très développées. Aussi, tous ceux qui l'ont connu lui portent encore aujourd'hui un amour inaltérable. Le Juif, entre les bras duquel le rabbin Libermann a rendu l'âme, m'a assuré qu'il était recommandable sous tous les rapports. »

*

De l'épouse de Lazare Libermann, nous ne savons pour ainsi dire rien. A sa mort, son fils Jacob n'avait que neuf ans et il est vraisemblable que, devenu adulte, il ne gardait qu'un souvenir assez vague de cette mère qui, après avoir mis ses enfants au monde, était partie pour un monde meilleur. Etait-elle active et énergique ou bien timide et rêveuse ? Bien que nous ne disposions d'aucun renseignement nous autorisant à esquisser son portrait, nous croyons pouvoir affirmer qu'elle ne quitta pas cette terre sans y laisser des traces durables. Certains indices nous permettent de retracer – non pas son être physique, celui de la femme qui, le jour de son mariage, vit ses cheveux coupés pour éviter de susciter de mauvaises pensées chez les hommes, ni l'épouse du rabbin, la « rebetsen » qui respectait scrupuleusement les prescriptions religieuses, l'alimentation kascher, l'allumage des bougies le vendredi soir, le grand ménage avant Pâque, l'usage régulier du mikvé, le bain rituel, ni la mère de famille occupée du ménage et de l'éducation de ses enfants, soucieuse d'éviter à son mari tous les tracas liés à la vie quotidienne – mais l'être spirituel qu'elle incarnait.

C'est de leur père, le très respectable rabbin de Saverne, que les fils ont hérité leurs qualités intellectuelles et morales, leur intelligence, leurs convictions, leur aspiration à faire le bien et l'énergie nécessaire pour l'accomplir. Mais l'apport de leur mère, plus mystérieux, plus insaisissable, n'en est pas moins précieux. Nous ne risquons guère de nous tromper en affirmant qu'elle leur transmit, même inconsciemment, la soif de la Rédemption, en tant qu'instrument et véhicule de la Providence. Quoi qu'il en soit, il est troublant de constater que tous les enfants issus de cette mère se sont convertis pour rejoindre le Rédempteur, alors que ceux nés d'un second mariage – le rabbin se remaria peu après la mort de sa première épouse – ont continué de pratiquer la religion juive. Tout se passe comme si la première épouse avait en quelque sorte tempéré la rigidité de son entourage.

Bien entendu, nous ne disposons d'aucune preuve matérielle pour étayer notre hypothèse. L'influence de cette mère sur ses enfants est indémontrable, comme le sont souvent les motifs qui ont permis d'aboutir à un résultat. Le fait est que les enfants Libermann ont reçu une éducation entièrement conforme aux traditions juives.

Attachés à la lettre des lois, les Juifs obligent leurs enfants à les mémoriser dès leur plus jeune âge. C'est ainsi qu'à quatre ans, le petit Jäckele connaît les Dix Commandements, les principales prières, les bénédictions à réciter lorsqu'on se lave les mains ou lorsqu'on coupe le pain. Avant même de maîtriser son sphincter, il se penche, sous la surveillance de son père, sur la Sainte Ecriture et découvre, en même temps que les lettres de l'alphabet, Yahvé. Le texte expose, sous forme de prières, l'histoire des débuts de l'humanité : aux yeux de l'enfant, les mots hébreux sont autant d'énigmes à résoudre. Jäckele apprend l'existence d'Adam et d'Eve, celle des ancêtres de l'humanité et de leurs descendants d'une étonnante longévité – ils ont vécu six, sept, voire neuf cents ans. Mais leur vie « ne plaisait pas à Dieu », aussi le Seigneur, à l'exception du seul Noé, les a-t-il fait périr dans le déluge. Suit une époque plus clémente, celle des patriarches craignant Dieu : Abraham, Isaac et Jacob. Cette époque pose encore de nombreuses énigmes sur lesquelles bute l'enfant. Pourquoi Dieu préférait-il Jacob qui a trompé son frère Esaü, et pourquoi Dieu a-t-il demandé à Abraham de sacrifier son fils, le petit Isaac ? Plus l'enfant avance dans ses lectures, plus Dieu lui paraît incompréhensible. Le Seigneur proclame ses lois dans le feu et dans les flammes, devant le chef du peuple élu, celui-là même qu'il charge de sortir Israël d'Egypte et de le libérer de l'esclavage. Pour se purifier de leurs péchés, les Juifs vont devoir errer pendant quarante ans dans le désert, et ce n'est que peu avant sa mort, du haut de la montagne Nébé, que leur chef pourra apercevoir la Terre promise. Dans ce pays de Cocagne, les grains de raisin sont si gros que celui qui en charge une seule grappe sur ses épaules risque de s'effondrer sous le poids. Dans ce livre, promesses et menaces sortent de la même bouche et, parce qu'elles ne correspondent en rien à l'attente des hommes, sont aussi inquiétantes les unes que les autres. En même temps que le jeune garçon apprend les prières qui glorifient et encensent le Dieu informe, il nourrit son esprit de toutes les histoires fabuleuses qui émaillent ce récit.

L'enfant ne tarde pas à savoir tout ce que Dieu exige de ses serviteurs. La plupart du temps, il ne s'agit que de prescriptions formelles : répéter, plusieurs fois dans la journée, que Dieu est seul et unique, se couvrir la tête en se mettant à table, rendre grâces à Dieu pour chaque bouchée qui apaise la faim, pour chaque gorgée qui atténue la soif. Et puis, il faut célébrer les fêtes. Celles-ci sont nombreuses et chacune a son atmosphère. La plus appréciée et la plus fréquente est le sabbat, qui commence le vendredi soir, avec l'apparition de la première étoile. Ce jour-là, qui est venu après les six jours de la Création, le Tout-puissant s'est reposé, il a cessé d'ordonner, de commander, et, souriant, les mains croisées sur la poitrine, il a savouré son œuvre. Aussi est-il interdit aux Juifs, le jour du sabbat, de vaquer à leurs occupations. Le calme règne dans le quartier juif, les gestes sont mesurés et empreints d'une certaine solennité. La mère met la table dès l'après-midi et éteint les feux, pas question de faire la cuisine un samedi. C'est donc au repos que la maisonnée attend l'étoile qui annonce l'arrivée de la Fiancée (car tel est le nom mythique du sabbat). Alors, toutes les activités cessent, on se replie sur soi-même, la vie devient rêverie. L'entrée de la Fiancée est célébrée avec pompe même par les Juifs les plus pauvres et lorsqu'elle quitte la maison, une certaine grisaille semble s'installer.

Il existe encore de nombreuses autres fêtes, grandes et petites, complètes ou partielles, chacune ayant son rituel propre. Par exemple la fête du nouvel An, le Roch Hachana suivie, huit jours plus tard, du Yom Kippour, le jour le plus redoutable de l'année, où Dieu juge les actes de ses créatures, leurs péchés et leurs mérites. Malheur à celui qui ne se livre pas au repentir en ce jour terrible où retentit le schofar, le cor du Jugement, et où, enveloppés dans leur linceul, les Lévites supplient Dieu de leur accorder le pardon. Les adultes observent un jeûne rigoureux ; reniflant des grenades piquées de clous de girofles, les enfants traînent dans la cour du Temple et guettent l'apparition, dans le ciel, de l'étoile du Berger, qui mettra fin à leurs supplices. Quel soulagement que de pouvoir enfin se mettre à table et voir la mère verser dans chaque assiette le pot-au-feu.

Et puis cette autre fête, à l'atmosphère toute aussi angoissante, mais bien moins redoutable, car exempte de toute terreur transcendantale : l'anniversaire d'une catastrophe historique, à savoir la destruction du Temple de Jérusalem. Elle n'est guère observée par les femmes et les enfants, mais les hommes, chaussés de babouches et assis sur leurs escabeaux, pleurent, en se frappant la poitrine, la perte du temple du roi Salomon.

En revanche, le Pourim, fête de la victoire des Juifs sur leurs ennemis, réserve aux enfants un rôle non négligeable. Elle commémore l'éviction par Mardochée, grâce à sa belle cousine Esther qui régna sur le tout-puissant roi Assuérus, du conseiller de ce dernier, le vizir Aman, ennemi des Juifs. Cette fête qui a lieu vers le milieu du Carnaval, est celle de l'assurance et de l'indestructible optimisme du peuple juif. Des groupes d'individus masqués vont de porte en en porte, les familles échangent, dans des assiettes recouvertes de serviettes, des « kindli » (gâteau aux noix et au pavot dont la forme évoque celle d'un nourrisson emmailloté) et des « flodni » (pâtisserie, d'une grande richesse, faite de plusieurs couches superposées de pavot, de noix, de pomme, de raisins secs et qui est un véritable régal).

Parmi les fêtes joyeuses figure Pessah, qui commémore l'exode d'Egypte et dure toute une semaine. La veille de Pessah, on offre un dîner copieux. Parmi les invités figure un convive invisible, le prophète Elie. Son apparition mythique est saluée par l'offrande d'un verre de vin. Le repas est précédé d'un acte solennel, la lecture et l'interprétation du Hagada, une sorte de scénario distribué à tous les participants : une véritable didascalie prévoit le moment où il faut s'accouder, manger des racines amères (du raifort râpé) ou douces (un mélange de pommes et de noix coupées en petits morceaux), etc. Jäckele connaît bien les images de ce petit livre illustré : celle des Egyptiens noyés par les flots, ou celle du simplet aux bras tendus qui ne sait même pas poser des questions. Tout petit, c'était à lui, le plus jeune des participants, de demander, conformément au texte : « Manichtano halaïlo hazé ? », en quoi cette nuit diffère-t-elle de toutes les autres nuits ? Désormais, il connaît la réponse et se réjouit, avec les autres convives, de la déconfiture de l'orgueilleux Pharaon. Lorsque, selon le scénario, il faut boire, Jäckele vide son petit verre en même temps que les adultes et chante avec eux l'étrange histoire du chevreau dont tous les ennemis périssent par la main du roi.

Les jours suivants, les enfants mâchonnent, du matin au soir, du pain azyme, lequel, s'il a eu l'attrait de la nouveauté au tout début de Pessah, se dégrade bientôt en un simple objet d'échange : des compagnons de jeu non-juifs se montrent prêts à en acquérir contre des boutons ou des billes de verre.

Ensuite, le pain réapparaît à la maison et, avec lui, le train-train quotidien – sauf, bien entendu, le sabbat – et ce, jusqu'à la fête de Soukkot, où l'on dresse des tentes dans la cour et où enfants et adultes serrent entre leurs mains le loulav, un assemblage de différentes herbes qu'il faut agiter de temps en temps pendant le culte.

Même si les fêtes, avec leurs cérémonies spécifiques, se distinguent nettement des jours ordinaires, ces derniers ne sont pas pour autant déconnectés de Dieu – au contraire de ce que le garçonnet a pu observer chez les personnes pratiquant une autre religion. Car, alors que les non-juifs – en dehors du fait de se signer machinalement en passant devant un crucifix ou une église – vaquent pour la plupart à leurs occupations comme si leur Dieu n'exigeait pas qu'on s'occupe de Lui au cours de la vie quotidienne, les Juifs entretiennent avec le Seigneur des rapports continus, comme le font les moines ou les religieuses chez les Chrétiens. Bien entendu, cette dépendance et les obligations qu'elle impose ne pèsent encore nullement sur l'enfant, qui les considère, au contraire, comme parfaitement naturelles. Mais, inconscient de ce contraste, l'enfant n'est frappé, paradoxalement, que par les formes extérieures – si différentes de celles auxquelles il est habitué – du culte que les non-juifs vouent à Dieu.

Le Dieu des Juifs, auquel il faut si souvent rendre hommage au cours de la journée, est invisible. Ce qui n'empêche pas le garçonnet de se le représenter sous les traits d'un vieux patriarche barbu, à la fois sévère et indulgent, comme l'est son père, mais bien plus majestueux que lui. Représentation courante chez les Chrétiens comme chez les Juifs. Pour les premiers, Dieu le Père est le même auguste vieillard dont les forces, loin de décliner avec le temps, restent intactes pour l'éternité. Mais ce n'est pas sous cette forme qu'ils adorent Dieu. Le Dieu des Chrétiens que, passé le seuil de la maison, le garçonnet rencontre si souvent, est cloué sur une croix, la tête tombant sur les épaules, le flanc transpercé, le front ceint d'une couronne d'épines.

C'est le cœur serré, et avec un vague sentiment de culpabilité, que l'enfant jette sur la croix un regard en biais. Il ne se souvient pas exactement à quel moment on lui a interdit de lever les yeux sur elle. Il sait seulement qu'il n'a rien à faire avec et passe devant, les yeux baissés, le cœur agité par de violentes palpitations. Il sait que le supplicié est le fils de Dieu, Jésus, qui était à la fois homme et Dieu. Etrange mystère, inconcevable pour la raison humaine. Ce n'est pas encore ce mystère qui le préoccupe, mais l'événement, si regrettable, que représente le crucifix. « C'est vous qui avez tué le Christ » lui a reproché – quand exactement ? le souvenir, antérieur à tous les autres souvenirs, se perd dans la nuit des temps – un petit voisin. Et, empli d'un sentiment de culpabilité, il a accepté le reproche, parce qu'il savait déjà qu'il y avait un « nous » et un

« vous » et que ce « vous » désignait tous les Juifs. Ce qu'il ignorait encore, c'est que l'abîme qui s'est creusé est infranchissable, le sang versé du Rédempteur innocent sépare à jamais Juifs et Chrétiens.

Ce n'est que pour affirmer sa supériorité, et sans soupçonner qu'il va déclencher un long et pénible processus, que le petit voisin lui jette à la figure cette accusation – devenue banale et galvaudée au cours des siècles. L'enfant est encore incapable de distinguer entre reproches justifiés et injustifiés, à ses yeux, fantasme et réalité se confondent, comme dans ses jeux. Hypersensible, il s'accuse de péchés qu'il n'a pas commis et souvent de simples tentations auxquelles il n'a même pas cédé. Se faire reprocher un acte qu'il ignorait jusque là et qu'il n'a, par conséquent, pas pu commettre, constitue pour lui un véritable mystère. Sans répliquer, il passe rapidement, les yeux baissés, et entend triompher son adversaire, le petit Chrétien, qui, au lieu de répéter l'accusation, se contente de crier : « Juif ! » Ainsi, il n'est pas le seul coupable, la responsabilité du crime incombe à tous ses frères de race et à tous ses ancêtres. C'est avec stupéfaction qu'il apprend ensuite que l'homme crucifié, celui que les Chrétiens vénèrent comme un Dieu, était lui-même Juif. A la fois curieux et terrifié, il cherche à se renseigner sur cet étrange personnage. Il apprend ainsi que son nom en hébreux est Yichou, abréviation de Yeshoua, nom que ses coreligionnaires se gardent de prononcer, ne recourant qu'à des paraphrases du type « cet homme-là » et lui appliquant toutes sortes de qualificatifs déshonorants – bâtard, maudit, parjure, et même « chien crevé ». Ce Yichou, affirment ses coreligionnaires, bafouait les lois, répandait des contrevérités et, dans son infinie prétention, se prenait pour le Rédempteur. Ainsi, il a largement mérité d'être crucifié. C'était un mauvais Juif, un ennemi de ses frères de sang, et le bon Juif, en entendant prononcer son nom, se doit de murmurer en lui-même : « yimnach semo vezikrono », « maudite soit sa mémoire ». Ses frères lui enjoignent de cracher chaque fois qu'il voit un crucifix, sans, bien entendu, que les goyim puissent le voir. Ces « renseignements » emplissent le petit garçon de terreur. Tout en en prenant acte, il est incapable de partager la haine que ses frères de religion éprouvent à l'égard du Crucifié. Mais un jour, il croise un prêtre qui, tenant un crucifix à la main, se rend auprès d'un mourant. Terrorisé, il se met à courir, éperdu, se précipite dans la boutique la plus proche et se cache derrière les caisses, provoquant la consternation des clients. Interrogé, il ne peut que répéter, en tremblant : « Le crucifix, le crucifix... »

Ses fantasmes concernant le crucifix sont d'une grande complexité. Depuis qu'il sait que le supplicié était un Juif crucifié par des non-Juifs qui, après l'avoir tué, en ont fait leur Dieu qu'ils adorent et auquel ils adressent leurs prières, il ne cesse de se tourmenter à son sujet. Avec ses bras frêles écartés sur la croix, Jésus constitue pour lui une énigme à la fois fascinante et terrifiante, qui hante son imagination. Un jour, devant chez lui, accompagné de son père qui le tient par la main (car il est encore assez chétif pour son âge), il tombe nez à nez avec le prêtre catholique qu'il a naguère fui. Son père salue amicalement le curé, qui lui rend la politesse, et tous deux engagent la conversation. Le garçonnet, incapable de se dominer, s'arrache alors des mains de son père et, désespéré, tente de se réfugier à la maison en sautant par-dessus la barrière du jardin. Suite à cet épisode, il tombe malade et garde le lit pendant plusieurs mois. Une fois rétabli, il se comporte « normalement », l'événement traumatisant semble s'être effacé, recouvert d'un écran bienfaisant, car l'enfant s'efforce d'éloigner de sa conscience « tout ce qui ne le concerne pas directement ». De toute façon, il doit se consacrer à l'étude, car le jour de son treizième anniversaire s'approche et, avec lui, celui de sa « bar-mitsva », la cérémonie à l'issue de laquelle il deviendra majeur au sens religieux du terme, c'est-à-dire membre, à part entière, de l'alliance avec Dieu. Cette initiation se traduit tout d'abord par l'invitation qui lui est adressée à se présenter devant la Torah. Sa première apparition publique a lieu un samedi matin, à la Synagogue, en présence de l'ensemble des fidèles. Le récitant lui remet le rouleau sacré dont le jeune homme doit lire quelques passages à voix haute, en articulant correctement. C'est là une cérémonie d'une solennité inoubliable que le candidat à la bar-mitsva doit préparer avec le plus grand soin.

Désormais, c'est en compagnie des grands qu'il doit apprendre la façon de revêtir le tsitsits, ce tissu aux multiples nœuds et franges que tout Juif doit porter, ainsi que l'art de fixer, pour la prière du matin, les phylactères au bras gauche et au front. Sa mère a déjà acheté le taleth, cette écharpe blanche et noire, richement brodée, qu'elle garde, enveloppée dans du papier de soie, dans son armoire, en attendant que son fils, le jour de sa bar-mitsva, s'en entoure les épaules, après en avoir baisé les deux bouts. Deux fois par jour, le matin de bonne heure et en début d'après-midi, Jäckele suit des cours d'instruction religieuse. Son professeur, un tailleur érudit à la barbe rousse, sujet à des accès de fièvre hectique, terrorise l'enfant qui, il est vrai, se montre souvent étourdi ; chaque fois que le tailleur le voit distrait ou rêveur, il le secoue, lui tire les oreilles ou les cheveux, et quand il est de mauvaise humeur, va jusqu'à le brutaliser. Un jour, il lui cogne la tête contre le mur. Le jeune garçon n'ose pas se plaindre à ses parents, mais il portera toute sa vie les traces de ce traitement.

Une fois que la fête a eu lieu, il n'a plus, heureusement, à subir les sévices du tailleur. Désormais, c'est son père qui l'initie, en même temps que son frère aîné, aux mystères des sciences sacrées. Leurs études se concentrent sur la Sainte Ecriture, assortie de commentaires, dont la compréhension suppose de vastes connaissances (une vie entière ne suffirait pas à les maîtriser), sans parler des réflexions des plus doctes rabbins du Moyen Age, à la dialectique sophistiquée. Les cinq livres de Moïse, à eux seuls, soulèvent des difficultés considérables. Ce texte, que le peuple juif conserve depuis des millénaires sous forme de rouleaux déposés dans les tabernacles, n'est montré aux fidèles que le samedi matin. Enroulé sur des baguettes recouvertes de velours, et orné de petites couronnes argentées, le rouleau est intouchable et unique, car ce sont les paroles de Dieu lui-même qui y sont gravées. C'est ce texte – document ancestral de leur foi et de leur rôle dans l'histoire – que les Juifs se transmettent de génération en génération. Son recopiage s'effectue selon un rituel précis. Le sofer, qui en est chargé, doit se laver avant de se mettre au travail. Le texte doit être copié sur le revers de la peau d'un animal pur, préparé spécialement à cet effet (le parchemin ainsi obtenu doit par ailleurs être réglé). La largeur d'une ligne ne peut pas dépasser six doigts. Le texte doit tenir sur trente-six pages, chaque rouleau doit comporter entre trois et six colonnes et chaque colonne entre quarante-deux et soixante lignes. Une marge de trois doigts doit être ménagée en haut et une de sept doigts en bas de chaque colonne. Une distance de quatre doigts sépare chaque rouleau.

Telles sont les règles que doit suivre la transmission de ce texte. Quant à sa compréhension, elle soulève bien des difficultés, car le manuscrit se compose uniquement de consonnes : la prononciation des voyelles suit la tradition orale et doit s'effectuer sur le mode chantant. La mélodie des phrases, leur ton montant ou descendant, bref, le mode de récitation de la Torah est désigné par le terme de nigoun. Pour tester les connaissances d'un spécialiste des rouleaux sacrés, l'examinateur fredonne un air ; le candidat est tenu de retrouver le texte qui l'accompagne.

Pour être plus précis, il n'est pas tout à fait exact de dire que le texte ne comporte que des consonnes. Des signes, composés de points juxtaposés ou superposés, figurent sous les consonnes ; représentent-ils des voyelles ou autre chose ? Par ailleurs, certaines consonnes sont plus petites ou plus grandes que d'autres, se placent au-dessus ou au-dessous des lignes, sont retournées ou se présentent sous une forme allongée ou abrégée. Certains mots ne sont séparés par aucun espace, d'autres sont incomplets. On serait tenté de croire que ces anomalies sont dues à l'inattention des copistes, mais il n'en est rien, car dans la Torah tout, y compris l'incompréhensible, possède un sens. N'oublions pas non plus que les dix-huit consonnes intralinéaires et les neuf consonnes finales de chaque ligne, toutes imprononçables, représentent aussi bien des sons que des chiffres. Et comme la Torah, loin d'être une simple communication, constitue une révélation, les chiffres contribuent, au même titre que les lettres, à l'établissement du sens. De ce point de vue, le mot est le symbole d'une force qui participe à la création du monde. Par exemple, aux termes de l'alliance qu'il a conclue avec le peuple d'Israël, Dieu a fixé dans six cents treize lois les devoirs de ce peuple envers Lui. Peut-on attribuer au hasard, demandent les scolastiques juifs, le fait que la valeur numérique du mot b'r't, qui signifie « alliance », soit précisément 613 ?

La Torah possède plusieurs sens, selon le niveau d'érudition du lecteur. Au premier degré, on se contente du sens littéral.

Cette lecture naïve, le pachout, est comme le vestibule du temple. L'étape suivante, le drous, – l'âme ou le sanctuaire – consiste en l'interprétation des faits et événements relatés dans la Torah. Quant à la lecture au troisième degré, elle s'attache à décrypter le sens des mots, à débusquer l'essence derrière l'apparence, à découvrir, à travers l'accidentel et le temporel, les lois éternelles, c'est-à-dire Dieu lui-même, tel qu'Il se révèle à travers les phénomènes du monde d'ici-bas. Cette lecture permet d'accéder au sod de la Torah, à son sens mystique, au sanctuaire des sanctuaires. Elle réunit deux essences, séparées dans l'usage quotidien, à savoir le chiffre et la lettre, car dans une telle interprétation de l'Ecriture, les mots ne désignent pas seulement des concepts, ils synthétisent aussi les mystères ultimes de l'Univers. L'esprit du garçonnet est encore incapable de saisir ces mystères – d'ailleurs les explications du père s'adressent avant tout à son frère aîné – mais il ne manque pas d'éprouver un certain orgueil à pouvoir procéder à cette manipulation qui porte le nom de gilgoul et qui consiste à intervertir les consonnes du texte sacré pour décortiquer tous les signifiants possibles que renferment les mots. Regrouper les consonnes d'un mot de façon à obtenir un nouveau mot tout en conservant la valeur numérique originale est une opération qui le remplit d'émerveillement. Prenons par exemple, dit le rabbin, le premier mot de l'Ecriture : boerechis, c'est-à-dire « au commencement » Au commencement, Dieu créa le monde, selon le pachout. Mais Dieu ne parle pas de façon aussi imprécise, dit le rabbin en clignant malicieusement de l'œil. Le mot contient une précision, mais pour l'obtenir, il faut intervertir certaines lettres. Si au lieu de « boerechis, nous lisons : baras ich, nous comprenons que le monde a été créé dans la nuit des temps. En outre, si je veux connaître la date de cet événement selon notre calendrier, il suffit de lire « ba tishri » : c'est donc dans le mois de tishri que Dieu créa le monde. En suivant attentivement les jeux savants des deux hommes, l'enfant a, pour un instant, l'impression d'entrevoir le Tout-Puissant : tout inconcevable qu'Il est, celui-ci prête une forme visible à ses pensées invisibles. Par le truchement mystérieux des chiffres, Il révèle au monde les essences abstraites que recèlent les phénomènes. Mais le rabbin ne permet pas à un enfant dans un tel état d'impréparation de méditer sur les insondables mystères de l'Ecriture. Pour en être digne, il faut d'abord passer par toutes sortes d'écoles, connaître sur le bout des doigts le Choulhan Aroukh, la « table dressée », le recueil des lois de la religion juive, mais aussi tous les textes canoniques et semi-canoniques, donc non seulement la Torah, les chroniques, les proverbes et les écrits des prophètes, mais aussi leurs commentaires, les Sifras, Sifri, et Tosefs, tous les chedars et mesachtos du Talmud et leurs commentaires, le Gemorah. Tout cela demande une assiduité extraordinaire et le petit Jäckele doit déployer une énergie peu commune s'il veut rattraper son frère. Le garçonnet ne ménage pas ses efforts. Penché du matin au soir sur les vastes parchemins couverts de caractères hébreux, il met tout en œuvre pour absorber la science du sacré. Le père suit ses efforts avec satisfaction. Lors d'une visite du rabbin Drach, son confrère, dont nous aurons encore à parler, il lui montre avec fierté ses deux fils, très savants pour leur âge. Ils deviendront, pense-t-il, des rabbins célèbres, connaisseurs éminents des lois, pour la plus grande gloire d'Israël. Mais il doit bientôt déchanter : l'ardeur de son fils aîné se relâche, ou plutôt, s'applique à d'autres sujets. Lecteur de livres profanes, il déclare à son père que les études de théologie ne l'intéressent plus et lui fait part de sa décision d'embrasser la carrière de médecin. Le père accueille la nouvelle avec consternation, mais le fils est inflexible. Après plusieurs jours de discussions acharnées, le rabbin finit par céder, et, à son corps défendant, laisse son fils s'inscrire à la Faculté de Strasbourg. Les efforts qu'il avait déployés pour former ce fils aîné en vue du rabbinat se sont révélés vains. Et ses autres fils semblent tout aussi peu motivés pour les études théologiques, à l'exception du petit Jäckele. Se révélant aussi doué que son frère Samson avait pu l'être, l'enfant incarne le dernier espoir du rabbin vieillissant et, comme pour compenser la douloureuse déception causée à son père, met les bouchées doubles. Il acquiert bientôt des connaissances si vastes dans le domaine des textes sacrés et de l'argumentation théologique, qu'après lui avoir fait passer un ultime examen, son père estime qu'il ne peut plus rien lui apprendre. Aussi, l'envoie-t-il à Metz afin qu'il y achève ses études.

Le jeune talmudiste se sent abandonné dans cette ville. Le célèbre savant auquel son père l'a confié l'accueille avec froideur et le traite avec une condescendance mêlée d'un certain mépris. Habitué à l'atmosphère chaleureuse de son foyer familial, Jacob souffre à la fois du dépaysement et du manque d'affection, mais, désireux de tirer le maximum d'avantages de sa détresse, il redouble d'ardeur dans ses études, ne serait-ce que pour offrir des motifs de satisfaction à son père, de plus en plus inquiet du comportement de son fils aîné, lequel, bafouant les traditions, s'est marié, sans même consulter ses parents. Pire, d'après les rumeurs qui parviennent à Jacob, il s'apprêterait à renier la foi de ses ancêtres. Jacob se propose de l'en dissuader et se rend à Strasbourg. C'est le cœur serré qu'il franchit le seuil de la maison de son frère, salue timidement sa belle-sœur et s'efforce de surmonter la gêne qu'il éprouve. Pourtant, l'accueil est des plus cordiaux. Son frère, comme toujours, le serre dans ses bras, sa belle-sœur se montre pleine d'attentions, mais Jacob se sent dépaysé, car le logis de son frère n'a rien de juif, et Samson lui-même a changé. Pas physiquement, bien entendu, mais dans son âme. Il a les mêmes intonations et les mêmes gestes qu'autrefois, mais l'esprit qui se manifeste dans ses paroles ne manque pas de choquer Jacob. Les deux frères essaient maladroitement de s'expliquer, leur conversation est interrompue par la maîtresse de maison qui les appelle à table. Quand Jacob se couvre, son frère et sa belle-sœur se regardent et sourient : ils prennent, eux, leurs repas la tête découverte et, naturellement, sans réciter la « brokhe », la prière rituelle. Jacob, par défi, garde son chapeau sur la tête et, en rompant le pain, récite cette prière, avec, malgré lui, une nuance de réprobation dans la voix. Après le déjeuner, les deux frères se retirent. Jacob reproche amèrement à son frère de négliger ses devoirs religieux au grand dam de leur père. Samson lui réplique sans ambages qu'ayant définitivement perdu la foi, il considérerait comme une hypocrisie de pratiquer, pour faire plaisir à son père, des rites qui n'ont plus aucun sens à ses yeux. Jacob essaie de le convaincre, mais son frère, tout aussi versé en théologie que lui, réfute aisément ses arguments. « Ce n'est pas le cœur léger que j'ai abandonné la foi de mes ancêtres. Ma décision, qui est irrévocable, a été précédée de longues et pénibles luttes intérieures. Mais, à la fin, il m'a bien fallu admettre que notre religion avait perdu son âme : n'ayant plus rien de la ferveur des Juifs des temps bibliques, elle s'est vidée de son contenu pour laisser la place à un système de commandements et de prescriptions dépourvus de sens. Car que nous ordonne notre religion ? De nous attacher les phylactères aussitôt après nous être levés, de nous tourner ensuite vers l'Est et de réciter les prières prévues pour cette période de la journée. De nous abstenir de manger des aliments « impurs », de redouter la colère de Dieu qui nous a élus pour que nous accomplissions ses vœux aussi capricieux qu'insensés, dont la plupart visent à nous distinguer des peuples parmi lesquels nous sommes contraints de vivre, et qui, pour cette raison, finissent par nous haïr. Oui, notre religion engendre la haine et la barbarie. Elle a perdu sa raison d'être du moment que le Verbe s'est fait chair et qu'il est descendu parmi les hommes.

Cette réponse de son frère stupéfait Jacob. Il en a le souffle coupé.

– Comment ? balbutie-t-il, hors de lui. Non content de renier la foi de nos ancêtres, tu crois en la divinité du Christ ?

– Parfaitement, réplique Samson. A ce propos, je t'annonce que je vais me convertir au catholicisme. Nous avons décidé, ma femme et moi, de ne pas faire circoncire notre fils – si nous en avons un – mais, à condition que nos démarches aboutissent d'ici là, de le tenir sous les fonts baptismaux. Nous voulons lui épargner cette cérémonie barbare qui, comme tant d'autres traditions juives, a perdu son sens. »

Jacob sent qu'il n'a plus rien à dire. En vain évoquerait-il le chagrin de leur père, devant la fermeté de Samson, il se sent réduit à l'impuissance. Aussi, tête baissée, il s'apprête à partir. Cependant, une dernière épreuve l'attend. Son frère ne veut pas le laisser s'en aller sans lui offrir le repas du soir. Pendant qu'ils sont à table (lui, coiffé de son chapeau, son frère, la tête découverte), arrive un visiteur, bien entendu un jeune Chrétien, qui, en voyant le chapeau de Jacob et ayant appris que celui-ci était venu de loin, lui demande ironiquement s'il n'a pas, pendant le voyage, attrapé froid à la tête.

A son retour, Jacob sent, décidément, qu'il a échoué : il n'a pas réussi à ramener son frère dans le droit chemin. Peut-être, se dit-il, aurait-il mieux fait de ne pas chercher à le voir. C'est l'âme tranquille, ferme dans ses convictions, qu'il était parti de

Metz, et le voilà profondément troublé. Les paroles de son frère sont restées gravées dans sa mémoire de façon indélébile. Penché sur ses textes, face à leur extrême sophistication, il se demande – idée blasphématoire ! – si son frère n'a pas raison, si lui-même n'est pas occupé à couper des cheveux en quatre. Ce Dieu, que sa bouche glorifie machinalement, va progressivement lui sembler de plus en plus lointain, de plus en plus incompréhensible. Que penser d'un Dieu qu'il faut éternellement redouter ? Celui-ci, comme s'il voulait manifester son intransigeance, fournit alors une nouvelle preuve de sa cruauté. La belle-sœur de Jacob, peu après que le couple s'est converti et alors qu'il attendait impatiemment la naissance d'un garçon, accouche d'une fille morte née. Ce triste événement familial fait naître, dans le cœur du jeune talmudiste, une haine inextinguible envers Yahvé. Mettant un terme à une longue période de doutes et de luttes intérieures, il finit par admettre qu'il a cessé de croire. Et, s'estimant supérieur à son frère, qui, dans son besoin irrépressible de croire en un Dieu, s'est réfugié auprès du Christ, le Dieu des Chrétiens, Jacob, dans l'immédiat, n'en fait rien.

Il lui reste un long chemin à parcourir avant de rejoindre le Rédempteur.

Chapitre II

Une vague de conversions sous la Restauration

La période qui suivit la chute de Napoléon fut celle du triomphe de la tradition et du principe d'autorité. L'Etat qui, sous la Révolution, avait rompu avec l'Eglise, avant, sous Napoléon, de conclure un concordat avec elle, reconnaît désormais sa supériorité, lui confie l'éducation de la jeunesse et permet aux associations religieuses d'étendre leur influence sur le pays tout entier. La fréquentation des églises est rendue pratiquement obligatoire. Le nouveau courant littéraire et artistique, le romantisme, réhabilite les idéaux du Moyen Age. Dans son Génie du christianisme, Chateaubriand magnifie la religion chrétienne. Son livre remporte un franc succès : à l'aride rationalisme du XVIIIe siècle succède une époque marquée par la ferveur et la dévotion religieuses, ainsi que par l'exaltation sincère (ou à tout le moins esthétique) des valeurs traditionnelles.

Seuls, les Juifs s'obstinent à rester fidèles aux idées du siècle des Lumières. Ce qui est compréhensible : c'est à celles-ci qu'ils doivent leurs droits humains et administratifs, la suppression des ghettos dans lesquels leurs propres lois invisibles les avaient maintenus prisonniers en les isolant de leur entourage. A présent, grisés par leur délivrance, nombre d'entre eux brûlent ce qu'ils ont naguère adoré et se moquent ouvertement de ces prescriptions qui leur semblent vides de sens.

Ce mépris pour l'antique religion d'Israël se manifeste surtout au sein de la jeune génération. Les jeunes Juifs rompent totalement avec les usages, les mœurs et les croyances de leurs aînés. Dès lors, pourquoi rester Juifs, alors qu'en se faisant baptiser ils peuvent si facilement devenir Chrétiens ? Les conversions se multiplient.

Samson Libermann, le fils aîné du rabbin de Saverne, fut l'un des premiers jeunes Juifs alsaciens à renier la foi de ses ancêtres. Cependant, loin de traduire un simple désir de s'assimiler à son entourage, sa conversion fut l'aboutissement d'une longue et douloureuse évolution intérieure. Vers 1820, le Consistoire juif de Strasbourg créa, à l'intention des enfants de huit à douze ans, une école où, conformément à une conception libérale de la religion, on enseignait, en dehors de la Torah, certaines connaissances profanes. Samson Libermann, qui avait la réputation d'un excellent talmudiste, faisait partie du conseil d'administration de cette école. Libermann et deux de ses collègues, soucieux d'éduquer les enfants qui leur étaient confiés dans un esprit de civisme, voire de patriotisme, envisagèrent, pour arriver à leurs fins, de les former selon des principes chrétiens. Pénétrés de leur conviction, ils firent parvenir, à l'insu du Consistoire, et par l'entremise d'un Juif converti, un mémorandum à l'évêque du diocèse. Ce document en dit long sur l'état d'esprit des jeunes intellectuels juifs du début du XIXème siècle. Dans l'introduction, après avoir exprimé leur reconnaissance pour leur récente émancipation, les auteurs invitent le clergé catholique à parachever son œuvre en mettant fin à l'égarement des Juifs :

« Oh vous, ministres saints d'un Dieu de paix et de miséricorde, vous qui, dans votre zèle ardent, franchissez le vaste océan dans l'espoir de ramener quelques hommes égarés dans les voies du salut, vous qui ne voyez de félicité que dans la conscience des œuvres méritoires, daignez jeter un regard compatissant sur nos frères ! Ayez pitié de leur aveuglément et de leur obstination, écartez de leurs yeux le bandeau qui les couvre, rendez-les à la société et vous aurez la double satisfaction d'avoir régénéré des cœurs corrompus et d'avoir conquis à l'Etat des citoyens utiles ! »

Après cet exorde émouvant, les auteurs stigmatisent, avec une douloureuse amertume, les rites, à leur avis purement formels, vidés de leur sens, de la religion juive. « Que peut-on attendre, demandent-ils, pour la perfection de l'homme, d'une religion qui, dans son énumération des actions condamnables, place sur la même ligne le meurtre, l'adultère et les activités manuelles (telles que d'allumer du feu, d'écrire, etc...) le jour du sabbat. D'une religion qui attache plus de mérite à l'accomplissement machinal de momeries telles que l'application de phylactères sur le bras et le front pendant la prière du matin, la récitation de certaines formules cabalistiques, la manière de tuer les animaux, le repos absolu les samedi et les jours de fêtes, dont le nombre est par ailleurs infini ; qui attache, donc, plus de mérite à un rituel bizarre qu'à des actions de dévotion et de piété ? » Et les auteurs d'affirmer que « le culte rabbinique est tellement vicieux qu'il avilit le cœur et l'esprit de l'homme en lui présentant la divinité comme un être capricieux qui ne se plairait que dans les simagrées de ses serviteurs... Qui d'entre nous, en entrant dans une synagogue, n'a été profondément affligé de la mauvaise tenue, du tumulte et du désordre qui y règnent ? Les contorsions sans fin dont ils accompagnent leurs cris discordants rappellent plutôt une réunion de sauvages, en adoration devant de faux dieux, qu'une assemblée de serviteurs de l'Etre suprême, source primitive de l'ordre et de l'harmonie.

Au sortir de la synagogue, au lieu de ce contentement intérieur que l'on éprouve toujours après un moment de recueillement religieux, nos cœurs sont remplis de tristesse et d'amertume, suite à l'affreux désordre dont nos yeux ont été attristés. Loin de trouver dans la synagogue l'image du temple et de la divinité, nous n'y voyons que la copie infidèle d'une mosquée turque.

« Tant que les Juifs n'apprendront pas à distinguer le culte qui n'est que l'enveloppe, la police de la religion, de ce qui constitue son fond, aussi longtemps qu'ils confondront la forme et la chose, la religion, loin d'ennoblir leur âme, ne servira qu'à étouffer tout germe de bien et toute disposition heureuse que la nature pourrait leur avoir réparti ; cette multitude de corvées religieuses, loi qu'un zèle et qu'une vaine superstition leur imposent, leur fera nécessairement oublier ou négliger ce qu'ils doivent à leurs semblables. »

« Nous avons donc prouvé, affirment-ils, que la religion rabbinique est éminemment antisociale et que ce serait rendre un service signalé à la société entière et aux Juifs en particulier, si l'on parvenait à la dépouiller des extravagances talmudiques qui l'écrasent. Cette religion ainsi purifiée, peut-elle être autre chose si ce n'est celle des Chrétiens ? Jésus-Christ n'a-t-il pas dit en propres termes : « Je suis venu accomplir la loi et non pour la détruire (Saint Matthieu., ch.5, v. 17) » ?

Les auteurs du mémorandum cherchent à convaincre le clergé catholique que faire œuvre de prosélytisme auprès des Juifs, ce n'est pas faire violence à leur conscience : en effet, il ne s'agit pas de contraindre les Juifs à embrasser la religion chrétienne, mais de les amener, par la persuasion, à agir conformément à leurs propres intérêts. Et nos auteurs de poursuivre : leurs coreligionnaires qui continuent à suivre les prescriptions et à croire en le Talmud sont tout simplement stupides ou ignorants. Il faut vivre parmi eux pour mesurer leur obstination. Quant aux rabbins, nullement plus éclairés que leurs fidèles, ils propagent les pires mensonges au sujet du Christ. D'où cette conclusion : « Le seul moyen de sauver ces malheureux, c'est de leur présenter la religion chrétienne dans son vrai jour, de les convaincre par leur croyance même que Jésus-Christ est le Sauveur promis au genre humain dans toutes les prophéties depuis Moïse jusqu'à Daniel ; de leur faire sentir le sublime, le divin de la religion chrétienne ; enfin de leur montrer par l'index combien toutes les prédictions de Jésus-Christ se sont réalisées jusque dans les petits détails, soit quant à l'avilissement des juifs, soit quant à la splendeur et à la force de l'Eglise. »

Mais tous les Juifs ne sont pas ignorants ou superstitieux : « Le nombre des Israélites, qui abhorrent les doctrines dégoûtantes du Talmud, principal obstacle à la propagation du christianisme parmi eux, est heureusement plus grand qu'on ne pense. Dans plusieurs contrées de l'Allemagne, notamment, les Israélites anti-talmudistes se sont séparés des Juifs pharisiens et suivent les préceptes de Moïse dans leur pureté primitive. Si, en France et dans d'autres pays, les Israélites éclairés n'ont pas encore abjuré publiquement le Talmud, et si ceux d'entre eux qui, par la méditation, se sont convaincus de l'excellence de la religion chrétienne ne sont pas encore entrés dans le sein de l'Eglise, il faut en chercher la cause et dans le défaut de point de réunion et dans les obstacles et des craintes purement humains. »

Pour résoudre le problème, les auteurs du mémorandum préconisent un véritable coup d'Etat : dans l'intérêt bien compris de la communauté juive, le clergé chrétien devrait coopérer avec l'intelligentsia juive éclairée, pour faire élire dans les Consistoires des rabbins qui, « chrétiens en leur âme », propageront, du haut de la chaire, des doctrines chrétiennes formulées selon la terminologie de la religion juive.

Avant même que le mémorandum fût parvenu à son destinataire (l'évêque de Metz étant décédé entre-temps, ses vicaires capitulaires tardèrent à transmettre le document à l'évêché), Samson Libermann, tirant les conséquences de sa prise de position, abandonna la religion juive. Sa conversion ayant soulevé l'indignation de ses ex-coreligionnaires, il se retira pour un certain temps à Illkirch.

Mais cette affaire fut bientôt éclipsée par le scandale que suscita, au sein de la communauté juive de France, l'apostasie de David Drach, un autre Juif alsacien.

Né en 1789 à Edendorf, localité située à six lieues de Strasbourg, Drach fait ses études d'abord à l'école talmudique de son village natal, ensuite à Bischenheim, puis à Westhofen, sous la direction du célèbre Isaac Landesschütz. Meilleur disciple de ce dernier, il est envoyé à Phalsbourg où il devient l'élève de Guggenheim, le futur grand rabbin de Nancy. On le retrouve ensuite à Strasbourg, où, à l'âge de dix-huit ans, il fréquente les meilleurs judaïsants, tels que David Sintzheim, président du Sanhédrin, Samuel Samuel et Zadock Weil, père de la seconde épouse de Lazare Libermann, le rabbin de Saverne. Pendant quelques années, il est précepteur à Ribeauville (Haut-Rhin), auprès de la prestigieuse famille Sée, avant d'élire domicile à Colmar, puis à Paris où il épouse la fille du grand rabbin Deutz. Grâce à son zèle et à ses vastes connaissances théologiques, il est alors considéré comme une des grandes figures du judaïsme. Cependant, en janvier 1823, à la consternation générale, il se convertit au catholicisme avec ses trois enfants en bas âge.

Ses coreligionnaires rompent tout contact avec lui. Abandonné par son épouse, qui, ayant obtenu la garde des enfants, s'établit par la suite à Londres, Drach éprouve le besoin de se justifier. En 1825, il publie à Paris sa Lettre d'un rabbin converti aux Israélites, ses frères sur les motifs de sa conversion. Rédigé en termes passionnés, l'opuscule sera complété quelques années plus tard par une Deuxième lettre : Les prophéties expliquées par les traditions de la Synagogue.

La première lettre est à la fois historique et polémique. L'auteur commence par montrer, avec de nombreuses citations à l'appui, que l'Ancien Testament contient déjà toutes les vérités chrétiennes. Puis il en vient à son cas personnel et rappelle que, né en Alsace, d'un père rabbin, il se destinait lui-même au rabbinat, se distinguant même par son zèle et par son assiduité. Mais en avançant dans ses études, il s'est senti de plus en plus attiré par le christianisme, notamment après son arrivée à Paris, grâce à la lecture des Septantes, des pères de l'Eglise et à la fréquentation de quelques bons catholiques. Convaincu par l'étude approfondie des Ecritures que le Messie était bel et bien venu sur la terre, et renonçant à tous les avantages que lui aurait valu sa carrière de rabbin, il s'est donc décidé à se convertir au christianisme et à se faire baptiser, ainsi que ses enfants, par l'archevêque de Paris, le samedi saint de l'année 1823. Démentant les bruits « ridicules » sur sa conversion, il affirme que celle-ci est le fruit d'une conviction sincère et profonde.

Dans ses travaux ultérieurs, il s'en prendra, avec la véhémence des néophytes, aux doctrines de son ancienne religion. Si Drach a joué un rôle décisif dans la conversion et dans la vie du jeune Libermann, ce dernier, contrairement à son mentor, s'abstint, après sa conversion, de toute discussion sur les dogmes du judaïsme.*

Le Consistoire juif de Strasbourg n'eut pas beaucoup de chance avec sa commission scolaire. Après la démission du

---

* Sans préjuger de la valeur des travaux de Drach, nous ne pouvons pas nous empêcher d'y déceler un certain arrivisme. Il éprouva, par exemple, le besoin de publier sa propre bibliographie qui, en dehors de ses ouvrages érudits, comporte des poèmes hébreux adressés à des personnalités de haut rang. (« Ode hébraïque sur la naissance de S.A.P. Mgr. le duc de Bordeaux, composée par M. D. Drach présentée à S.M. Louis XVIII par l'auteur dans l'audience du 23 octobre 1820 ») Il consacra d'autres « odes hébraïques » à la gloire du Pape Grégoire XVI et du cardinal Girard. Avant sa conversion, il publia un livre de prières juives et traduisit en français le Hagada, le recueil des rites de Pessah. Ses œuvres scientifiques les plus importantes sont :
- La réédition commentée du vocabulaire hébreux-latino-chaldéen de Genesius
- De l'harmonie entre l'Eglise et la Synagogue, ou perpétuité et catholicité de la religion chrétienne (2 volumes, Paris, Mellier, 1844)
- Défense du Sépher Haiyashad ou Livre du juste, traduction d'après les textes hébreux et rabbiniques
- Edition des écrits d'Origène dans la Patrologie de l'abbé Migne (1857-60, deux volumes)
Il retraduisit la Bible en hébreux d'après la Septuaginta et ne manqua pas de publier les sermons nuptiaux et funéraires qu'il avait prononcés en tant que rabbin.
Sa « Cabale des hébreux vengée de la fausse imputation de panthéisme par le simple exposé de sa doctrine d'après les livres cabalistiques qui font autorité » (Rome, Imprimerie de la Propagande, 1864) eut une importante répercussion.
Quelques années après sa conversion, Drach faillit être impliqué dans un nouveau scandale : son beau-frère, pour toucher la récompense, avait révélé aux autorités l'endroit où se cachait la duchesse de Berry. Drach publia alors la déclaration suivante : « Hyacinthe Detz qui, avant son baptême s'appelait Simon Deutz, appartient à une famille allemande établie à Paris, laquelle a divorcé avec moi depuis près de dix ans, uniquement et précisément à cause de la différence des principes que nous professons. Cette scission est bien complète, puisque la sœur du malheureux Hyacinthe a étouffé dans son âme, à l'égard de mes enfants, cette tendresse maternelle dont la royale captive est une touchante et à jamais mémorable martyre. »
Peu après sa conversion, Drach s'établit à Rome où il fut nommé bibliothécaire du Pape et reçut, des mains de ce dernier, le titre de chevalier. Il mourut à Rome, le 2 janvier 1862, à l'âge de soixante-seize ans.

groupe Libermann, celle-ci élut en son sein Théodore Ratisbonne, le fils du Président du Consistoire et deux de ses camarades, Isidore Geschler et Jules Lewel, tous trois appartenant à de prestigieuses familles juives alsaciennes. Etudiants en droit, insatisfaits de l'aridité de leurs études et en quête d'une nourriture spirituelle plus substantielle, ils suivirent l'enseignement du jeune et enthousiaste Louis Bautain, professeur à l'Université de Strasbourg, en qui ils ne tardèrent pas à voir leur maître à penser.

Kantien au cours des premières années de son professorat, Bautain, quoique convaincu de la justesse des thèses du philosophe allemand sur les limites de la connaissance, trouvait celles-ci inaptes à étancher sa soif d'explorer l'univers et, en particulier, le sens et la destinée du genre humain. Tout comme Kleist, Bautain était à la fois subjugué et accablé par Kant, à tel point qu'en 1819, il envisagea le suicide. Cependant, il rencontra à Baden Louise Human, une croyante enthousiaste, qui réussit à lui inculquer la foi religieuse. Aussi, dans ses cours de métaphysique, insistait-il sur l'effet libérateur de la foi, tout en combattant la théologie rationaliste avec la terminologie complexe, mais subtile, des philosophes allemands, affirmant avec Kant l'impuissance de la raison à poser avec certitude les principes de la science et à saisir les vérités immortelles. Ses vues furent mal comprises ou mal interprétées. Un jour, alors qu'il traitait de la différence entre substance et phénomènes, il déclara : Dieu n'existe pas, il est. Omettant de citer la deuxième partie de la phrase, ses adversaires l'accusèrent d'athéisme. En 1822, son enseignement fut suspendu pour deux ans. Durant cette période, ses disciples suivirent ses cours chez Louise Human.

Les trois jeunes membres de la commission scolaire du Consistoire juif firent preuve d'une assiduité toute particulière.

« Mes études profanes, écrit Goschler, laissaient en moi le besoin religieux sans nourriture. La plupart de mes condisciples étaient dans la même disposition. Chrétiens de nom, ils l'étaient peu de fait et de conviction, et nous étions parfaitement d'accord, si l'absence de toute croyance peut fonder un accord, si une tolérance qui a pour principe l'ignorance de la vérité peut s'appeler harmonie. Nous étions jeunes, légers, dissipés, comme on l'est à dix-huit ans. J'arrivais en philosophie n'y apportant que de vagues croyances et prêt à les abandonner si elles n'avaient pu se justifier à mon intelligence et s'allier avec le sentiment de la liberté et de la dignité humaine qui commençait à s'éveiller en moi... C'est alors que la doctrine philosophique de M. Bautain nous apprit à rentrer en nous-mêmes et nous rendit graves sans pédanterie, recueillis sans affectation et sérieux sans chagrin. Le maître nous élevait vers le Créateur : au lieu de nous abandonner à l'illusion de la beauté de ce monde, il nous appelait à la contemplation de l'éternelle Sagesse. » (Cité par l'abbé de Régny : *La vie de L. P. Bautain*, p. 95)

Et Goschler poursuit :

« Ses conseils m'amenèrent à une observation plus exacte de la loi et des usages mosaïques que j'avais complètement négligés : non à une observation pharisaïque de la lettre et des rites de la Synagogue, mais à une pratique sérieuse et grande... J'assistai avec assiduité et recueillement aux Solennités et au milieu de l'agitation confuse de ces cérémonies, retiré dans un coin, étranger à ce qui m'entourait, je passais de longues heures en prière, m'entretenant dans mon cœur avec le Dieu de mes pères et appelant à mon secours le Rédempteur promis dont à chaque verset les Psaumes de David me parlaient... »

Loin de faire œuvre de prosélytisme, Bautain ne fit qu'approfondir la religiosité de ses disciples juifs. C'est parce que les rites de leur religion leur apparurent comme un formalisme vide de sens, que ceux-ci se sentirent de plus en plus attirés par la ferveur du catholicisme... Après quatre années de combats intérieurs, ils décidèrent de sauter le pas. Le 2 janvier 1827, Lewel reçoit le baptême. Quant à Ratisbonne, il termine ses études de droit, devient avocat auprès du tribunal royal de Colmar, et, cédant aux insistances de son père, accepte de présider la commission scolaire du Consistoire de Strasbourg, au sein duquel il va déployer une intense activité. Il restera cependant en contact permanent avec Bautain et les amis de celui-ci, profondément mécontent de lui-même pour ne pas avoir eu le courage d'admettre publiquement qu'il s'est complètement détaché de la religion de ses ancêtres.

« Ainsi, écrit-il, après quatre années d'instruction, d'expériences et d'études, soutenus par une grâce progressive, aidé de la prière et de la lecture de l'Evangile, éclairé par un enseignement large et profond, sans avoir su pendant longtemps où il me conduisait, catéchumène depuis plusieurs années et ignorant ce nom, je me trouvais à la porte de l'Eglise catholique sans que jamais on eût employé d'autres moyens pour m'amener à ce terme que la science et la charité... »

« Ce qui me remplissait d'un bonheur intime, c'était de me sentir rattaché au grand arbre de la vie, d'avoir la conscience que j'appartenais enfin à l'élite de l'humanité, que, par cette initiation sacrée j'étais relevé de la dépravation profonde où mes frères ont langui pendant dix-huit siècles, et dont moi-même j'avais souvent gémi et souffert... »

« Mon bonheur de faire partie de la grande famille chrétienne fut tel que j'avais besoin de me retenir pour ne pas l'exprimer hautement à tous ceux que je rencontrais. »

L'inévitable s'accomplit : malgré la profonde tristesse de ses parents, le fils du président du consistoire de Strasbourg se convertit au catholicisme. Le 2 juin de la même année, Isidore Goschler suit son exemple.*

Jacob Libermann, l'autre fils savant du rabbin de Saverne, n'en était pas encore là. Bien au contraire. Gagné, sous l'influence de ses lectures profanes, par les idées des Lumières, il jugea inutile de remplacer l'étude du Talmud par celle des dogmes chrétiens. C'est ce que montre la lettre – au ton souvent frivole - qu'il adressa à son frère peu après la conversion de ce dernier.

« Il paraît, commence-t-il, que tu avais douté, mon cher frère, de mon amitié depuis ton changement de religion. Mais pourquoi donc ? Quand même je serais le plus grand zélateur de la synagogue, je ne saurais que de continuer d'avoir pour mes frères ce sincère attachement qui, nourri en moi dès ma plus tendre enfance, faisait toujours mes délices et mon bonheur. »

Sans doute, ayant voulu convertir son frère, Samson lui avait-il recommandé la lecture des œuvres de Bossuet. Jacob écarte son conseil avec une supériorité un brin ironique. « La lecture de Bossuet, répond-il, est tout à fait inutile pour moi, et si tu connaissais mes véritables sentiments, tu ne me l'aurais

---

* Les trois convertis furent consacrés prêtres catholiques. Dans les notes de Bautain, Ratisbonne porte le nom d'Adeodat, Goschler celui d'Eudore et Lewel s'appelle Julien.

peut-être pas recommandée » Et, exposant ses vues sur la religion, il entonne un véritable hymne à la gloire de la raison :

« Dieu nous a donné la faculté de penser non pour la laisser reposer, mais pour que nous en fassions usage. Si l'homme doit laisser son esprit s'engourdir, s'il doit se livrer aveuglément aux chaînes que lui présente la religion, quelle différence y a-t-il entre lui et la brute ? La religion ferait de l'homme ce que la nature opère dans la bête. Pourquoi ai-je reçu ce don céleste, sinon pour m'en servir ? D'après ces considérations, j'ai formé la religion sur ma propre raison, et je ne crois commettre un crime, quand je me tromperais dans quelques-unes de mes maximes, pourvu que je ne cause point de mal à mon prochain. Mais, comme je ne connais pas les principes de la philosophie, et que je puis par conséquent facilement m'égarer, je pense devoir m'ouvrir à un homme éclairé qui puisse me ramener de mon erreur, et en ta qualité de mon frère bien-aimé, tu as la préférence à tout autre. Je vais donc te déclarer ma façon de penser, en te priant de me traiter avec un peu d'indulgence.

Il faut regarder la Bible comme la base de toutes les religions qui dominent en Europe et, en partie, dans l'Asie. Or, en regardant de près la Bible, on en découvre facilement la fausseté et je me sers de la Bible même pour le prouver.

Quelle absurdité de croire à toutes les fables qu'elle renferme ! Quelle apparence que Dieu aura manifesté par tant de merveilles sa faveur accordée à Abraham, Isaac et Jacob ? Quel charme Dieu trouve-t-il à tous ces patriarches ? Est-ce parce qu'ils avaient des notions vraies sur la divinité au sein d'un peuple idolâtre ? Mais pourquoi Dieu ne s'est-il pas intéressé de même au sort de tant de philosophes de l'Antiquité ? Quelle vertu extraordinaire trouvons-nous dans la vie de ces patriarches décrite avec tant d'exagération dans la Bible, si ce n'est par hasard l'hospitalité si naturelle à tous les peuples de l'Antiquité ? Et, supposons même qu'ils aient pratiqué les plus hautes vertus, n'est-il pas extravagant d'admettre que Dieu récompense les vertus du père dans ses arrières petits neveux imbus de toutes sortes de vices ? La même réflexion s'applique à la punition d'Adam, dont le récit fabuleux est incompréhensible. Puis-je être assez injuste de penser que Dieu se vengea du crime d'Adam sur toute sa postérité ? Quel blasphème abominable de parler ainsi de cet être juste et bienfaisant, tandis qu'il commande lui-même : « Ne punissez pas les enfants du crime de leur père. » Cette contradiction est si évidente qu'on ne peut manquer de s'en apercevoir.

Nous disons que Dieu avait choisi le peuple juif pour lui donner ses lois sacrées. Qu'on m'explique ce choix. Ne serait-ce pas une injustice de la part de Dieu de choisir un seul peuple de la terre pour l'éclairer et lui révéler les vrais principes de la religion, tandis qu'il laisse croupir tous les autres dans l'ignorance et l'idolâtrie ? Les autres peuples n'étaient-ils pas ses créatures aussi bien que les Israélites ? N'auraient-ils pas accepté cette loi sacrée, si elle leur avait été présentée comme aux juifs, avec un appareil de tant de miracles ? Ensuite, si toutes les merveilles consignées dans la Bible ne sont pas fabuleuses, comment comprendre les rébellions réitérées des Juifs ? Est-il possible que, quarante jours après avoir vu descendre Dieu lui-même sur le mont Sinaï et après lui avoir entendu prononcer : "Je suis l'Eternel, ton Dieu, tu n'adoreras pas les idoles", ces mêmes Juifs se soient mis à adorer le bœuf Apis, parce que Moïse retardait un peu son retour ? Comment pouvaient-ils se mutiner de nouveau après avoir vu Korachi et ses partisans engloutis d'une manière si miraculeuse pour avoir ourdi une conspiration contre Moïse ? Nous voyons encore ce peuple choisi de Dieu s'écrier dans une de ses révoltes :

"Choisissons un chef et retournons en Egypte." Comment eût-il pu avoir si peu de confiance en Dieu, qui leur avait montré sa bienveillance par tant de miracles, qu'il voulait plutôt subir le joug des Égyptiens que de se laisser conduire dans la terre promise : "Peu s'en fallait qu'ils ne m'eussent lapidé." Ces observations, et bien d'autres encore, font voir que, de son vivant, Moïse ne jouissait pas de cette vénération dont il est entouré maintenant. Je pense de même de tous les prophètes. Nous voyons un Jérémie vingt fois emprisonné, et avec raison, car sans doute c'était un traître gagné par Nabuchodonosor. Tous ces gens-là étaient, à ce qu'il paraît, des rhéteurs accrédités, dont on fit dans la suite des prophètes après avoir arrangé leurs discours ; car enfin, maintenant, nous ne voyons plus de prophètes ; et ne mériterions-nous pas d'avoir des Elies et des Elisées, aussi bien que les Juifs qui étaient plongés dans l'idolâtrie ? Je conclus de là que tout ce que Dieu exige de nous, c'est de le reconnaître, d'être justes et humains et que Moïse avait joué son rôle, comme tous les législateurs. Ainsi, peu importe que je sois juif ou chrétien, pourvu que j'adore Dieu, que ce soit en une seule personne ou en trois. Cependant, je t'assure que je ne serais pas meilleur chrétien que je ne suis bon juif. Voilà aussi comment je t'excuse de ton changement de religion, car je ne pense pas que tu ajoutes foi aux prophéties d'Isaïe. »

Sa véhémence juvénile n'a rien d'étonnant. Pour la première fois, il peut donner libre cours à son esprit vif, formé par des exercices aussi rigoureux que gratuits. Délivré de la discipline des études talmudiques, grisé par la liberté intellectuelle ambiante, il rejette tout naturellement ce que, jusque-là, il a considéré comme étant la seule et unique vérité. A la lumière d'une culture aux multiples facettes, souvent contradictoires, mais, en définitive, complémentaires, il se demande à juste titre pourquoi Dieu, créateur de l'univers et du genre humain, aurait élu le peuple juif pour réaliser, avec lui, ses intentions ? En quoi ce peuple de bergers turbulents a-t-il mérité une telle confiance et un tel honneur ? Aux yeux du jeune Libermann, les mérites de ses ancêtres paraissent bien minces en comparaison de la civilisation gréco-romaine. Quelles étaient les vertus d'un Abraham pour que Yahvé lui offre une alliance ? Par exemple, sa piété, dit la Bible. Mais en quoi consistait-elle ? Comme tous les peuples de la région, les Juifs de l'Antiquité étaient idolâtres. Au cours de leurs pérégrinations, Abraham et sa famille – ou sa tribu – traînaient avec eux les terafim, les images des divinités qu'ils adoraient ; c'est au culte qu'il leur vouait qu'Abraham devait sa fortune. Sa piété consistait-elle à adorer ses idoles ancestrales ou, au contraire, à les renier en faveur de Yahvé ? Yahvé, ce Dieu errant, resté sans adorateurs – un El parmi les Elochim – exigea d'Abraham et de sa tribu de lui présenter des sacrifices ; en échange de leur reniement, il promit la prospérité pour leurs descendants. Tel un vampire cherchant à s'incarner pour exister, Yahvé dépend pour son existence des sacrifices que la tribu d'Abraham est prête à lui consentir. Il réclame du sang, de la graisse et des parfums, parce qu'il doit se renforcer pour pouvoir tenir sa promesse et terroriser les ennemis des Israélites. Au cours de ses révélations – accompagnées de sinistres grondements sur un mont Sinaï enveloppé de nuages noirs – il prescrit avec précision non seulement la quantité de graisse, d'huile et de farine à lui livrer mais aussi les conditions dans lesquelles le sacrifice doit lui être présenté, les matériaux devant servir à la construction de sa maison portative sur laquelle " il pèsera de tout son poids ", sa longueur et sa largeur, la forme de ses jointures, la quantité d'or et de tissu qu'elle doit comporter et ainsi de suite. Ce Dieu qui s'obstine à affirmer son unicité, – sans doute parce qu'il sait pertinemment qu'il n'est pas unique – est mesquin et revendicatif. Après avoir désigné la personne avec laquelle il renouvelle son alliance, il lui retire sa confiance. Après avoir autorisé Moïse à intervenir en faveur de son peuple auprès du Pharaon, il l'attaque dans une auberge et veut l'étrangler. Il se dit tout-puissant, mais la Bible révèle ses limites. La même Bible nous apprend que les Juifs n'ont cessé de protester contre cette « alliance » qui leur avait été imposée. Pourquoi s'attacher à un dieu sauvage et dépassé, qui ne sait que menacer et maudire ?

Une protestation aussi véhémente contre l'adoration exclusive de Yahvé s'explique aisément : Jacob Libermann, au cours de ses lectures des auteurs grecs et latins, a été frappé par l'atmosphère sereine d'un monde où les dieux, malgré leur majesté, ont des qualités humaines. Après s'être colleté au Talmud et à ses commentaires, il a été séduit par l'univers ludique et haut en couleurs du monde gréco-latin. Un univers enchanteur, qui n'a rien de commun avec la sécheresse d'un La Mettrie ou d'un Volney, et où le genre humain semble s'épanouir librement, car rien ne semble y faire obstacle à l'exercice de la liberté. Un univers bien plus satisfaisant, bien plus attachant que celui des Juifs. Les dieux y sont présents partout, dans les arbres, dans l'herbe, ils revêtent mille formes différentes pour participer aux activités humaines, et, loin de se contenter d'exiger, ils savent aussi récompenser concrètement. Amicaux ou hostiles, ils se révèlent dans leur essence propre, tels qu'ils sont, au lieu de se draper dans une redoutable majesté, comme le fait le dieu des Juifs, amateur de mystères, dont le nom n'est connu qu'à un seul homme (encore celui-ci ne doit-il le prononcer qu'une fois par an, dans des circonstances solennelles).

A Metz, Jacob Libermann, négligeant ses études talmudiques, se consacra entièrement aux classiques gréco-latins, donc à une littérature « païenne ». Il travailla d'abord sous la direction d'un jeune instituteur nommé Titescher. En 1826, ce dernier fut muté à Lunéville et Libermann dut poursuivre ses études seul. Un jour, il se rendit à Lunéville pour remercier Titescher de s'être donné tant de mal pour le former. C'est vraisemblablement à cette occasion qu'il lui fit part de son intention d'aller à Paris où un ami de son père, qui avait quitté la communauté juive, lui promettait une situation, à condition qu'il se convertisse, à son tour, au christianisme.*

---

* Malgré ses idées libérales, Titescher fut choqué par la désinvolture avec laquelle le jeune Libermann, fils du célèbre rabbin de Saverne, envisageait, pour obtenir une situation, de renier la foi de ses ancêtres. C'est ce que laisse supposer la lettre qu'il adressa au père Bas, qui cherchait à s'informer sur Libermann : « Je crois que je l'ai blâmé de ce changement, parce qu'il m'avouait dans sa lettre qu'il avait agi dans des vues humaines. J'ai dû même ajouter, parce que c'était ma pensée, que quand il eût agi par conviction, il aurait dû attendre la mort de son père déjà âgé, qui était rabbin et dont cette conversion devait causer le désespoir. Ma réponse ne lui aura pas beaucoup plu sans doute, et c'est probablement la raison pour laquelle il ne m'a plus écrit. »
On peut ne voir dans cette conversion qu'une simple formalité : un individu né, malgré lui, au sein d'une communauté à laquelle il ne se sent pas lié, exprime sa volonté d'intégrer une autre communauté qui, à tort ou à raison, le stigmatise. De ce point de vue pratique, une telle conversion ne saurait être condamnée. Cependant, même si sur cent Chrétiens, soixante-dix, voire quatre vingt dix ne le sont que parce qu'ils sont nés tels, et même si on ne peut pas demander à un converti d'être plus assidu que ceux à qui il entend s'assimiler, le Chrétien, fût-il indifférent, voire hostile, à l'égard de sa religion, ne manquera pas d'être choqué d'entendre un Juif déclarer que le principal motif de sa conversion n'est pas de nature spirituelle, mais qu'il vise avant tout à faciliter son intégration à la société des Chrétiens. On s'aperçoit alors que la religion est une affaire plus sérieuse qu'elle ne paraît aux yeux de certains. Même si, d'un point de vue bureaucratique, la conversion n'est que pure formalité, même si le converti, au cours de son existence, ne se trouve confronté aux mystères de la religion chrétienne que lors de son baptême, celui-ci ne saurait être considéré comme un acte purement administratif. Recevoir ce sacrement à l'âge adulte, c'est renier sa personnalité antérieure, c'est subir une transsubstantiation

Les efforts du jeune homme en vue de concilier le monothéisme - lequel, reçu en héritage, s'est profondément ancré dans son âme - et les éléments de la mythologie gréco-romaine qui lui ont été révélés par ses lectures, jurent avec la réalité quotidienne de son époque. Il est obligé d'admettre que, depuis les temps mythiques, Dieu n'existe plus que dans la mémoire et dans les paroles des hommes. Il existe, puisqu'il s'est manifesté sous mille formes différentes à nos ancêtres, mais il ne se révèle plus depuis des temps immémoriaux. Dans la vie de tous les jours, tout se passe comme s'il n'existait pas. Ce paradoxe angoisse le jeune Libermann. Comment se fait-il donc, se demande-t-il, que Yahvé ne l'ait pas tué après qu'il a cessé de croire en lui ? Comment se fait-il que, croyants ou mécréants, les hommes vaquent à leurs affaires, sans que la religion ait le moindre impact sur leurs actes ? Tout se passe comme si Dieu lui-même ne se préoccupait pas de savoir si ses

---

charismatique, c'est, même si l'acte lui-même procède d'un calcul profane, opérer un véritable bouleversement.

Les jeunes gens se plaisent souvent à se montrer plus cyniques qu'ils ne sont. Gardons-nous donc d'attacher trop d'importance aux déclarations de notre jeune talmudiste. Peut-être voulait-il seulement impressionner son frère par sa désinvolture et sa liberté d'esprit. Une lecture attentive de sa lettre nous révèle la profondeur de son sentiment religieux : tout en combattant, à coups d'arguments massus, certaines thèses religieuses que la raison ne saurait admettre, tout en contestant certains récits merveilleux de l'Ancien Testament, il envie les Grecs et les Romains de l'Antiquité à qui Dieu s'est présenté sous des formes aussi variées qu'attrayantes. Ses lectures ne font que consolider sa croyance en un lien entre la source mystérieuse de la création et l'univers créé. Délivré du carcan du Talmud, il réfléchit en autodidacte sur les rapports entre Dieu et l'univers. Pas un seul instant il ne met en doute l'existence de Dieu, mais celui qu'il vénère n'est plus le terrifiant Yahvé, le dieu sanguinaire des Juifs, mais le Père de toutes les créatures, certes, invisible et immatériel, mais capable, puisqu'il est créateur, de se manifester sous de multiples formes. Ce qu'il n'a pas manqué de faire : Zeus chez les Grecs, Jupiter chez les Romains, Dieu s'est révélé sous de nombreux aspects, tout en demeurant une même Volonté vivante et agissante.

créatures croient ou non en lui. Pourquoi n'entre-t-il pas en contact avec les hommes, comme autrefois ?

Tourmenté par cette question, il décide de s'adresser à son frère. Celui-ci ne tarde pas à lui répondre : Dieu, en effet, ne cherche plus à s'adresser aux humains, car il n'en a plus besoin depuis que le Christ s'est fait homme pour assumer les péchés de l'humanité et apporter la rédemption à ceux qui suivent son exemple et ses enseignements. Les apparitions antérieures de Dieu n'avaient servi qu'à préparer cette ultime révélation.

La lettre de son frère oblige le jeune Libermann à affronter un problème dont il a toujours préféré se détourner : le problème de la divinité, tel que le pose son frère, ne peut pas être réglé aussi légèrement que celui de la mythologie gréco-romaine. Lui-même n'a fait qu'enregistrer les éléments de cette dernière, sans prendre aucun engagement à leur sujet. Connaître et croire sont deux choses différentes : la foi comporte nécessairement l'adhésion. Jacob Libermann a cru comprendre les païens. A présent, il se rend compte qu'en réduisant leurs dieux à un dénominateur commun, en considérant leur multiplicité comme les diverses manifestations d'un seul et même Dieu, il est resté monothéiste. A-t-il eu raison ? Il commence à en douter. Qui sait comment les païens interprétaient leurs dieux ? D'ailleurs, cette question ne l'intéresse plus vraiment. Ces dieux ont disparu, ils ne survivent plus que dans la littérature et dans les beaux-arts, en tant qu'objets de représentation. Avec le Christ, c'est différent. Le Christ, c'est le Crucifié dont la vue, quand il était petit garçon, le terrorisait, c'est le fils du charpentier de Nazareth que ses coreligionnaires ont dénoncé parce qu'il se proclamait Fils de Dieu, consubstantiel de Dieu le Père. Thèse que le jeune Libermann répugnait non seulement à épouser, mais aussi à admettre. Or, s'il voulait, en reniant sa judaïté, s'intégrer à la société des Chrétiens, il lui fallait adhérer solennellement à cette thèse. En ce qui concerne le reniement de sa judaïté, c'était déjà chose faite. Il s'en était détaché tout naturellement, dès que sa raison eut compris à quel point les contraintes rituelles imposées par la religion juive étaient absurdes et intempestives. Et maintenant, débarrassé de ces attaches, fallait-il qu'il en contracte d'autres, qu'il croie en d'autres absurdités, en un Dieu fait homme ? En sa résurrection ?

Parfaitement. S'il voulait être Chrétien, il lui fallait croire au Christ et aux paroles des Evangiles, textuellement, mot pour mot. Chose qui lui aurait été plus aisée plus tôt, à une époque où ses études profanes ne l'avaient pas encore détourné de ses sentiments religieux. Quoi ? A peine avait-il commencé à jouir de sa liberté de pensée qu'il fallait déjà y renoncer ? Dieu n'aurait-il donné à l'homme la faculté de raisonner que pour lui en interdire l'usage ?

Demander à un Juif de renoncer à l'usage de la raison, alors que celle-ci (le « sekel » des Hébreux) lui est particulièrement précieuse ? Pendant des siècles, les érudits et les législateurs de son peuple ont examiné chaque mot de l'Ecriture à la lumière de la raison, s'interrogeant sur ses tenants et aboutissants, confrontant avec véhémence ses diverses interprétations, formulant à son sujet, avec une précision frisant la cuistrerie, les commentaires les plus avisés aussi bien que les improvisations les plus hasardeuses, pour justifier, fût-ce à l'aide d'arguments spécieux, les traditions religieuses les plus irrationnelles. Après avoir rejeté les contraintes imposées par les traditions juives, le jeune Libermann savait mieux que quiconque ce que signifiait un tel défi à la raison.

Dans ses mémoires rédigés plusieurs dizaines d'années plus tard, Libermann affirme que c'est Rousseau, plus exactement la pathétique Profession de foi du vicaire savoyard, qui l'a convaincu de la supériorité de la religion chrétienne. Affirmation surprenante : le vicaire savoyard, qui démontre l'existence de Dieu en recourant à la raison « naturelle », non contaminée par les préjugés sociaux, conclut à l'équivalence de toutes les religions, car toutes admettent l'idée de la Providence, justifient la morale et affirment l'immortalité de l'âme. Cependant, si, malgré tout, Libermann éprouve le besoin d'évoquer ce texte dans ses Confessions, c'est qu'il en a été profondément marqué : en effet, certains passages semblent exprimer ses propres doutes et refléter sa propre situation : « L'obligation de croire, lit-on dans la Profession de foi du vicaire savoyard, en suppose la possibilité. D'où il suit que, devant la justice éternelle, tout homme qui croirait, s'il avait les lumières nécessaires, est réputé croire et qu'il n'y aurait d'incrédules que ceux dont le cœur se ferme à la vérité. »

Donc, croire est une nécessité. Mais, pour Rousseau, seule, la croyance en Dieu découle nécessairement de la raison « naturelle » ; pour le reste, il fustige avec une amère indignation les conflits qui opposent les unes aux autres les différentes confessions. Il reproche à juste titre aux Chrétiens leur intolérance vis-à-vis des Juifs. « Connaissez-vous beaucoup de chrétiens qui aient pris la peine d'examiner avec soin ce que le judaïsme allègue contre eux ? Ceux d'entre nous qui sont à portée de converser avec des juifs ne sont guère plus avancés. Les malheureux se sentent à notre discrétion ! La tyrannie qu'on exerce envers eux les rend craintifs ; ils savent combien peu l'injustice et la cruauté coûtent à la charité chrétienne : qu'oseront-ils dire sans s'exposer à nous faire crier au blasphème ? Les plus savants, les plus éclairés sont toujours les plus circonspects. Vous convertirez quelque misérable, payé pour calomnier sa secte ; vous ferez parler quelques vils fripiers, qui céderont pour vous flatter ; vous triompherez de leur ignorance, de leur lâcheté, tandis que leurs docteurs souriront en silence de votre ineptie. Mais croyez-vous que dans les lieux où ils se sentiraient en sûreté l'on eût aussi bon marché d'eux ? En Sorbonne, il est clair comme le jour que les prédictions du Messie se rapportent à Jésus-Christ. Chez les rabbins d'Amsterdam, il est tout aussi clair qu'elles n'y ont pas le moindre rapport. Je ne croirai jamais avoir bien entendu les raisons des Juifs, qu'ils n'aient un Etat libre, des écoles, des universités, où ils puissent parler et disputer sans risque. Alors seulement nous pourrons savoir ce qu'ils ont à dire. »˙ Quant à son projet de conversion, celui-ci ne saurait, à notre avis, en aucun cas, s'inspirer de Rousseau, dont le déisme accordait la même valeur à toutes les religions :

« Solliciter quelqu'un de quitter la religion où il est né, c'est solliciter de mal faire et par conséquent de faire mal à soi-même... Dans l'incertitude où nous sommes, c'est une inexcusable présomption de professer une autre religion que celle où l'on est né, et une fausseté de ne pas pratiquer sincèrement celle qu'on professe. Si l'on s'égare, on s'ôte une grande excuse au tribunal du souverain juge. Ne pardonnera-t-il pas plutôt l'erreur où l'on fut nourri, que celle qu'on osa choisir soi-même ? C'est qu'un cœur juste est le vrai temple de la Divinité ; qu'en tout pays et dans toute secte, aimer Dieu

---

˙ Qu'auraient-ils à dire ? Peut-être ceci :
Que le Messie ne viendra que lorsque l'humanité sera assez mûre pour l'accueillir, lorsque les hommes auront cessé de se combattre et que, selon les paroles du Talmud, tout le monde sera assis à la même table. Tout acte charitable rapproche la venue du Messie, tout péché l'éloigne. Ce ne sont pas seulement les hommes qui ont besoin de Dieu, Dieu aussi a besoin des hommes. C'est pourquoi il a conclu une alliance avec eux. En vertu de cette alliance, les Juifs constituent le peuple élu de Dieu, et, en tant que tels, sont tenus, par le respect consciencieux de Ses lois, de témoigner de leur attachement envers le Créateur de l'univers.

par-dessus tout, et son prochain comme soi-même, est le sommaire de la loi ; qu'il n'y a point de religion qui dispense des devoirs de la morale, qu'il n'y a de vraiment essentiels que ceux-là ; que le culte intérieur est le premier de ces devoirs, et que sans la foi nulle véritable vertu n'existe. »

Non, dans cette période de sa vie, alors qu'il critiquait, en toute indépendance d'esprit, la religion dans laquelle il avait été élevé, il ne pouvait, en aucun cas, prendre la décision de se faire baptiser. Dans l'état d'esprit qui était alors le sien, cela aurait signifié remplacer une superstition par une autre. Feindre de croire à cette dernière aurait pu comporter des avantages, mais, craignant de faire trop de peine à son père, il était incapable de s'y résoudre. C'est ce qui ressort clairement de ses Mémoires :

« J'attribuai, écrit-il, la démarche de mon frère (qui venait de passer au christianisme) à des motifs naturels. Je pensai qu'il était où j'en étais moi-même relativement au judaïsme. Mais je le blâmais d'avoir, par son abjuration, donné du chagrin à mes parents. »

C'est qu'aux yeux du Juif fervent qu'était le père, le fils aîné, une fois converti au christianisme, avait cessé d'exister. Après avoir suivi son évolution avec une profonde inquiétude, le père avait déchiré ses habits en apprenant le fait accompli et interdit aux siens de prononcer le nom de Samson ! Jacob pouvait-il avoir la cruauté de lui infliger une seconde déception, tout aussi cruelle que la première ? Certainement pas. Le père ne devait rien savoir de ses doutes.

De retour de Metz, c'est dévoré de remords pour avoir négligé l'étude du Talmud qu'il franchit le seuil de la maison paternelle. Il craint qu'en l'interrogeant, le père ne comprenne qu'il a entrepris des études d'un tout autre genre. Ce dernier, soupçonneux en effet, le convoque dans son bureau dès le premier soir. Tout tremblant, Jacob se demande s'il ne ferait pas mieux de lui avouer qu'il a renoncé à l'étude des textes sacrés, les ayant jugés vains et futiles. Mais la vue d'un père vieilli précipitamment par l'apostasie de Samson le fait reculer. Toujours tremblant, il s'abandonne à son destin. Le père commence son interrogatoire. Et – miracle ! – le fils se souvient tout à coup non seulement des textes à interpréter, mais aussi de tous les commentaires qu'ils ont pu susciter, et, oublieux de sa résolution d'épargner son père, pousse l'audace jusqu'à exprimer sa propre opinion et à l'étayer à l'aide de citations empruntées à la Torah. C'est ainsi qu'il passe brillamment l'examen. Le père est convaincu que son fils l'a surpassé. « Dire qu'on t'a accusé de négliger tes études, s'écrie-t-il. Et moi qui ajoutais foi à ces racontars ! Pardonne-moi, mon fils ! » Rayonnant de bonheur, transporté de joie, il fait monter de la cave sa meilleure bouteille de vin. Un dîner est offert en l'honneur du jeune talmudiste. Celui-ci est cité en exemple devant ses frères.

Pauvre vieux rabbin, tu ignores encore les déceptions qui t'attendent ! Influencé par leur grand frère, deux de tes fils envisagent déjà de se convertir et mettront bientôt leur projet à exécution. Et Jacob, en qui tu vois la consolation de tes vieux jours, va bientôt abandonner à son tour la religion de ses ancêtres. Depuis qu'un exemplaire en hébreu du Nouveau Testament lui est tombé entre les mains (le fait qu'un tel ouvrage soit imprimé et diffusé est en lui-même un signe des temps), le personnage de Jésus le passionne de plus en plus. Il se souvient de la terreur qui s'emparait de lui, enfant, à la vue de ce Juif malingre sur la croix, la tête ceinte d'une couronne d'épines. Lui reviennent ces passages du Talmud où Jésus est l'objet des pires invectives. Oui, depuis son enfance, la figure surnaturelle, donc divine, de Jésus l'attire et le repousse à la fois. Certes, depuis qu'il est sorti du cercle familial et qu'il s'est débarrassé de ses préjugés, la figure de Jésus lui apparaît plus clairement, mais il est encore loin de croire en lui avec la fermeté préconisée par son frère. « Jésus s'en alla avec ses disciples vers les villages voisins de Césarée de Philippe. En chemin, il interrogeait ses disciples : « Qui suis-je, au dire des hommes ? ». Ils lui dirent : « Jean le Baptiste ; pour d'autres, Elie ; pour d'autres, l'un des prophètes. » Et lui leur demandait : « Et vous, qui dites-vous que je suis ? » (Marc, 8, 27-29). Voilà la question à laquelle lui-même était, pour l'instant, incapable de répondre. Que Jésus fût un maître investi d'une mission, celle de prêcher l'amour plutôt que l'obéissance à des lois rigides, cela ne faisait aucun doute à ses yeux. Mais qu'il fût fils de Dieu, au plein sens de ce terme, qu'il eût transgressé les lois de la nature, fût descendu en enfer, ressuscité et monté au ciel pour aller s'asseoir à la droite de Dieu, en attendant de se révéler dans toute sa gloire le jour du jugement dernier, où il statuera sur le sort des vivants et des morts - voilà ce que sa raison refusait d'admettre au même titre que les absurdités irrationnelles dont il avait été abreuvé dans la maison de ses parents.

Comment a-t-il fini par surmonter cette difficulté ? Comment, esclave de l'Ancien Testament, a-t-il connu le bonheur dans l'union mystique avec le Christ ? C'est là, évidemment, un mystère. De même qu'il est bien mystérieux que les enfants d'un rabbin pieux soient devenus, les uns après les autres, des Chrétiens non pas tièdes, mais serviteurs passionnés de leur nouvelle foi. Ont-ils cherché d'eux-mêmes à se rapprocher du Christ, ou bien est-ce le Christ qui les a arrachés à leur entourage familial ?

Cette épreuve ne fut pas réservée à la seule famille du rabbin de Saverne. De riches banquiers juifs, attachés avec obstination à la foi de leurs ancêtres, se virent obligés de renier leurs enfants, lesquels se convertissaient au christianisme. Cette épidémie de conversions dont l'Alsace fut le théâtre vers la fin des années 1820 se déroula à contre-courant de l'Histoire. En effet, en cette période préparatoire de la révolution de juillet, l'opinion publique, mécontente de la situation régnante, mettait sur le même plan le régime politique en vigueur et l'Eglise, fustigeant avec la même violence, le roi Charles X et les ecclésiastiques, ses principaux soutiens. En ce qui concerne les Goschler, Théodore Ratisbonne, et Level, leur conversion se fera à une époque plus tardive et d'une façon plus aisément compréhensible : la personnalité et l'enseignement de Bautain y jouent un rôle décisif. On y découvre sans peine le « virus de la contagion ». Mais ceux qui les ont précédés sur ce chemin, comme David Drach et Samson Libermann, se sont détachés individuellement de la communauté juive. Tel fut également le cas de Jacob Libermann.

Toutes ces conversions offrent un tableau étonnant. Le frère aîné de Jacob habite la région de Strasbourg, un autre de ses frères envisage sa conversion au cours d'un voyage en Allemagne, un troisième vit à Paris, et Jacob lui-même à Metz. La fratrie est dispersée, les frères ne communiquent guère entre eux et pourtant, la même idée germe à peu près en même temps dans leur esprit. Certes, Drach, le savant talmudiste, déjà converti, les connaît tous et se propose de persuader ses ex-coreligionnaires d'imiter son exemple, mais au moment de « sauter le pas » les frères Libermann sont déjà mûrs pour la conversion.

Cependant, lors de ce dîner familial que nous venons d'évoquer, Jacob n'en est pas encore là. Devant la joie de son père, il préfère ne rien dire de ses doutes et de ses combats intérieurs. Inutile de contraindre ce père à renier son fils cadet en qui il voit son héritier spirituel. Le jeune Jacob, pour qui Jésus n'est pas encore le Verbe incarné, seulement une figure historique, ne peut pas encore se soumettre à l'exigence la plus cruelle du Christ : abandonner père et mère pour suivre le Rédempteur. Survient alors un événement bouleversant. Ébloui par la science de Jacob, le père, inconsolable d'avoir perdu Samson, suppose à tort que la foi de son fils cadet est aussi robuste que sa mémoire et lui demande de se rendre auprès de son frère pour le faire revenir au judaïsme. « Vous avez étudié les mêmes textes sacrés : il faut que tu fasses comprendre à ton malheureux frère qu'il s'est égaré. Puisque son cœur est corrompu, fais donc appel à sa raison, avance des arguments irréfutables, démontre-lui que sa foi actuelle relève de l'idolâtrie, car Dieu, qui s'est révélé à nos ancêtres, ne saurait être, comme le prétendent les Chrétiens, à la fois Père et Fils. » Ému par la confiance naïve de son père, Jacob n'ose pas lui poser la question, qui le tourmente depuis de longues semaines, à savoir : qui est donc ce Messie dont tous les prophètes ont prédit la venue ? Obéissant à son père, il va voir son frère et, bien qu'ébranlé dans sa foi, essaie de le faire changer d'avis – naturellement en vain. Sa belle-sœur, qui assiste à leurs longues discussions passionnées, lui dit tout à coup, à son grand étonnement : « Tu verras, tu seras prêtre catholique »

Il retourne bredouille à la maison paternelle, où une autre surprise l'attend : son père, persuadé que Jacob n'a plus rien à apprendre à Metz, l'envoie à Paris, auprès du grand rabbin Deutz, un érudit hors pair, président du consistoire juif de France, afin que celui-ci lui trouve un emploi digne de ses exceptionnelles capacités. Jacob est consterné : il croit revivre une scène de l'Ancien Testament, le sacrifice d'Isaac par son père Abraham, convaincu que Dieu lui épargnera l'épreuve suprême, celle de la perte de son fils. Le visage du père, ses intonations, son émoi à peine dissimulé – tout indique qu'il se considère comme l'instrument de la volonté de Yahvé. Cette décision téméraire, remède contre l'amertume que lui a causée Samson, lui a été inspirée par sa confiance en son fils cadet, confiance aussi inébranlable que sa foi. Mais surtout, elle lui a été suggérée par Dieu. Jacob se sent emporté par un tourbillon ! Voilà que son père lui offre la possibilité de réaliser ses vœux les plus chers : changer de milieu, prendre son sort en mains, organiser sa vie comme il l'entend. Peut-il abuser de sa confiance ? Il réfléchit et se dit que oui. Car si Dieu existe – et pour Jacob cela ne fait pas l'ombre d'un doute – son père, avec sa confiance aveugle aussi émouvante qu'orgueilleuse, ne peut être que l'instrument d'une haute Volonté ; celle qui offre une issue aux âmes égarées. Ainsi, déconcerté, mais de bonne foi, il décide d'obéir à son père et de se rendre à Paris. Déconcerté, parce qu'il sait que sa foi est loin d'être aussi inébranlable que son père le suppose, mais de bonne foi, parce qu'il n'a pas l'intention d'abuser de la confiance de ce dernier (même si, pendant son séjour à Metz, l'idée d'une possible conversion n'a pas manqué de le préoccuper) et qu'à présent, il a un argument puissant pour ne pas s'y résoudre. En proie donc à des sentiments et à des pensées contradictoires, et comme mû par des automatismes, il part pour Paris, rend une visite de courtoisie au grand rabbin, lui remet la lettre de recommandation de son père, se laisse interroger et va jusqu'à lui emprunter un livre (son interlocuteur le lui ayant recommandé particulièrement). Puis, dans un état quasi somnambulique, il va voir sa seule connaissance alsacienne, le grand talmudiste David Drach, converti au catholicisme, avec qui il correspond depuis longtemps en hébreu. Après quoi, il va être pris dans un véritable tourbillon.

Grand érudit et personnalité fascinante, Drach venait de rentrer de Londres où il avait essayé de retrouver ses enfants. Ceux-ci lui avaient été enlevés par son ex-épouse, aidée par quelques-uns de ses coreligionnaires prêts à attaquer l'apostat dans son honneur. Aussi était-il fondé à penser qu'un Juif qui n'hésitait pas à le contacter dans une période aussi difficile de sa vie partageait ses griefs contre le judaïsme. Il était persuadé que son jeune visiteur, ayant dépassé le stade des doutes concernant la foi de ses ancêtres, avait la ferme intention de se convertir au catholicisme et ne s'était adressé à lui que pour lui demander de l'aider à mettre ses projets à exécution. Sans aborder directement le sujet, son visiteur l'entretint tout naturellement des prophéties de l'Ancien Testament sur la venue du Messie, thème que Drach était justement en train de travailler en vue de favoriser la conversion de ses ex-coreligionnaires. Ayant constaté que Jacob partageait ses vues, Drach lui demanda de revenir le lendemain. Lors de cette seconde visite, il lui apprit qu'il avait parlé avec le directeur du collège Stanislas. Celui-ci était prêt à l'héberger, ainsi qu'à subvenir à ses besoins matériels et spirituels, en attendant qu'il puisse recevoir le baptême. Après quoi il fit monter son jeune visiteur ahuri dans un fiacre, le conduisit jusqu'au collège Stanislas, où il l'abandonna aux bons soins d'un appariteur.

LIVRE II

Chapitre I

ANGOISSE ET COMBAT INTÉRIEUR

Etrange façon pour quelqu'un d'inaugurer une nouvelle étape de son existence, la scène peut paraître ridicule. Mais le protagoniste de notre récit n'est pas un héros au sens conventionnel du terme, sa principale vertu est l'humilité. Dès l'instant où Drach eut pris en mains la direction de sa vie, il se laissa mener sans protester tant par celui-ci que par tous ceux qui voulurent bien s'intéresser à sa personne. Convaincu que ce qui nous arrive ne dépend pas de notre volonté, mais de celle de Dieu, il se soumit facilement au hasard de l'existence. Le spectateur qui, sans pouvoir en saisir le sens, n'aurait fait qu'enregistrer, avec la précision d'un appareil photographique, la scène qui venait de se dérouler, n'aurait vu qu'un jeune Juif, aux traits disgracieux et à l'air stupide, poussé dans un fiacre par un homme mûr à l'aspect tout aussi sémitique, puis déposé, comme un colis, devant le collège Stanislas. Mais les apparences sont trompeuses. L'expression du jeune homme n'était qu'un masque, résultat d'une discipline inouïe. Ce pantin désarticulé était en proie aux sentiments les plus contradictoires : résistant avec obstination à son aspiration à la rédemption, il ignorait lui-même s'il était un pécheur repenti ou un hypocrite de la pire espèce, son humilité, sa soumission à une volonté supérieure pouvant être interprétée aussi bien comme une force que comme une faiblesse. Considérées en elles-mêmes, les péripéties d'une existence sont forcément inachevées et ne reçoivent leur sens qu'après la mort : aussi averti que quelqu'un puisse être à la fois de ses propres visées et des intentions de ceux qu'il est amené à fréquenter, nul ne peut, sur le moment, connaître le pourquoi de ce qui lui arrive, savoir si ce qu'il est en train de vivre doit aboutir à une tragédie, une comédie ou demeurer sans effet. Tout événement est un projectile qui, lancé par le passé, atterrit dans le présent mais n'explose que dans le futur, à moins qu'il ne s'enfonce définitivement dans le subconscient. De toute façon, la portée d'un événement ne se révèle qu'après coup. L'arrivée du jeune Libermann dans ce collège catholique devait se révéler un événement décisif, mais, dans l'immédiat, l'homme était le théâtre d'un conflit interne : il lui faudrait encore traverser de graves crises avant que son destin ne soit accompli. Le biographe est tenu de relater des événements, mais les véritables événements d'une vie sont invisibles et, par conséquent, difficiles à rapporter. Le résultat, comme cela arrive souvent, précède son sens, car une des lois fondamentales de la vie mystique veut qu'il nous faille d'abord paraître ce que nous sommes appelés à devenir.

En l'occurrence, les apparences sont vraiment trompeuses. Ce jeune homme paraît docile comme un agneau, malléable, facilement accessible au salut. C'est ce qu'il croit lui-même. Il a, sans sourciller, trompé son père pour obéir à Celui qu'il entend servir. A peine a-t-il eu franchi la porte qui le séparait du monde, qu'il s'est révélé prêt à faire tout ce qu'on lui demande.

Mais, dans l'immédiat, il doit juguler l'angoisse qui l'étreint. Il lui faut s'habituer à son nouvel entourage, si différent de celui dans lequel il a grandi. Le lit, les chaises, les murs, la table avec le crucifix, tout lui semble étrange, voire hostile.

Cette hostilité est celle de la religion institutionnalisée. Elle émane même du crucifix : ce Jésus n'est pas celui qu'il croit aimer, c'est le Jésus des Chrétiens qui persécutent les hommes de sa race, un Jésus austère, rigide, repoussant, dont il se détourne, malgré lui. Il croyait avoir vaincu la peur que lui inspirait le crucifix et voilà que sa présence le gêne. En proie à la terreur, il serait soulagé si on le lui ôtait de la vue. Ce Jésus est hostile, comme l'endroit où il a échoué, une cellule semblable à celle d'une prison, avec un judas.

Oui, Jacob a peur. Le jour où, enfant, il a vu ce prêtre en soutane en conversation avec son père, n'a-t-il pas sauté par-dessus la barrière pour fuir la vue du crucifix ? Et, à présent, il croise sans cesse des ecclésiastiques en habit. Il pâlit et se met à trembler de tous ses membres. En se séparant de Drach, il s'est senti envahi par une grande faiblesse, l'angoisse de son enfance, le sentiment millénaire de culpabilité venait de s'emparer de son âme. Il cherche à le maîtriser, à interdire à ses nerfs de se révolter. Surmontant sa répulsion, il braque son regard sur le crucifix. Tête baissée, les mains jointes pour la prière, il le contemple avec dévotion, comme pour expier le péché de plusieurs générations. Ses efforts se voient couronnés de succès. L'objet inanimé semble s'animer, sa signification l'emporter sur l'indifférente matière – l'angoisse qui étouffe le jeune homme semble s'atténuer.

Pendant combien de temps a-t-il médité de la sorte ? Il n'en sait rien : la méditation est intemporelle, dépasse le temps chronologique et les concepts. Les sentiments successifs y submergent les pensées. Le point central qu'il veut approcher avec tout son être, auquel il entend adhérer de tout son esprit, de tous ses sens, de tout son cœur, est le Verbe devenu chair, le

Fils de Dieu mort sur la croix. En le contemplant, inapaisé, douloureux, il voit le crucifix prendre vie et, tout à coup, il l'identifie. Oui, c'est bien Lui, celui qui fut promis à ses ancêtres, celui qui assumera les souffrances des peuples, le Messie que son peuple n'a pas reconnu à l'heure où les prédictions des prophètes se sont réalisées. Quelle cécité ! pense-t-il, effaré, en se remémorant tout ce qui est prédit à ce sujet dans l'Ancien Testament. Un vrai tournant, constate-t-il, avec émerveillement : le Messie est venu (son frère l'a démontré irréfutablement, et Drach aussi, dans sa seconde lettre aux Juifs), et cet événement qu'il avait déjà reconnu indiscutable, l'a surpris et consterné, comme s'il venait seulement de le reconnaître définitivement, un peu à la façon de celui qui, traitant une personne comme un étranger, comprend, dans un éclair, qu'il est son ami, voire le membre le plus intime de sa famille. Oui, c'est Lui, s'écrie-t-il, transporté de joie, le descendant de David, un homme de notre sang, le roi des Juifs, c'est à cause de lui que les miens constituent le peuple élu au-dessus de tous les peuples de la terre. Je t'offre ma vie, je te servirai avec une fidélité inébranlable, afin de réparer les torts que mes frères de sang t'ont faits.

Des larmes de joie baignent son visage (il pleure facilement), un sentiment de bonheur débordant envahit son cœur. Il croit avoir vaincu l'hérésiarque en lui, en jurant fidélité éternelle au Christ, et ne se doute pas qu'en se soumettant au Rédempteur, il laisse parler en lui la vanité si caractéristique de sa race. Car ce Rédempteur n'est pas le Christ souffrant, mais le Christ triomphant et celui qui, comme Jacob Libermann, n'a pas vécu les souffrances du Christ, n'a qu'une fausse image de son triomphe. Par la suite, il lui faudra expier le péché de son orgueilleuse soumission. Naturellement, du point de vue subjectif, comme de celui de la

Providence, les choses se présentent différemment : une âme qui n'a pas encore connu le mystère du baptême, qui, pour l'instant, ne fait qu'entrevoir la vérité qu'elle est destinée à contempler, s'égare tout en s'en approchant, parce que, malgré son imperfection, elle a perçu la lumière.

Non, son humilité n'est pas encore cette authentique humilité chrétienne, qui sera la caractéristique essentielle de sa vie ultérieure. Il semble inconsciemment justifier la thèse mystique suivant laquelle il faut d'abord paraître ce qu'on est appelé à devenir : dès l'instant où il a franchi les portes de cette institution, il adopte une attitude conforme à son règlement. L'empressement exagéré avec lequel il exécute tout ce qu'on lui demande, sa veule passivité, sa tendance à passer inaperçu, tout cela n'est qu'une vertu négative, une simple autodiscipline. Il est encore très loin d'être ce qu'il paraît, loin d'incarner le renoncement. L'essence de sa personnalité, que de longues veilles, l'expiation et l'union mystique n'ont pas encore transformée en dévotion pure, est encore réfrénée par la discipline qu'il s'impose avec une volonté de fer. Et cette discipline ne procède pas d'une intention irréprochable, car sa motivation à demi consciente est la haine de soi. Assumant le crime impardonnable de ses ancêtres, qui ont renié et fait crucifier le Fils de Dieu, il châtie et réprime en lui-même le Juif qu'il est. S'il est incapable de se débarrasser, comme d'un vêtement inapproprié, de son corps marqué par les traits de sa race, il peut extirper de lui-même les stigmates psychiques qui caractérisent cette dernière, l'agitation, l'outrecuidance intellectuelle, l'intolérance inspirée par le sentiment de supériorité. Oui, il est décidé à se transformer, à extirper son « juif intérieur ». Pour y parvenir, il combat ses penchants les plus personnels, son tempérament, son intellect (il ne cherche pas à jouer au plus fin) et assume, comme une première croix, les conséquences de son attitude, le fait que ses compagnons le prennent pour un être sournois et considèrent comme typiquement juif ce qui est le plus étranger à sa vraie nature, qui est l'inquiétude et l'agitation.

Cette attitude lui a été inspirée par une deuxième méditation devant le crucifix. Effrayé par sa témérité, il a compris son égarement : dans le Christ il a vu le Juif, il l'a accepté en quelque sorte au nom de la judaïté, alors qu'il n'y est nullement autorisé, qu'il ne peut, en son propre nom, que se jeter aux pieds du Christ. Il a été bêtement fier de Lui, en qui il a vu le sens de la judaïté, alors que le Christ est le sens du monde entier, de tous les êtres qui le peuplent. Aussi, est-il décidé à être à tous, à tuer en lui-même le Juif qui se vantait d'appartenir au peuple élu. Car les Juifs ne sauraient être des élus que tant qu'ils portent Jésus en leur sein. Avec le Verbe devenu chair, leur rôle privilégié a cessé : désormais, loin d'être des élus, ils sont chargés de péchés.

Tout en s'approchant de la vérité, Jacob Libermann ne l'a pas encore atteinte. Il ne le fera que le jour où il pourra se pardonner sa propre judaïté.

Voici en quels termes il évoque ses débuts au collège Stanislas : « Ce moment fut extrêmement difficile pour moi. Cette solitude profonde, la vue de cette chambre où une simple lucarne me donnait du jour ; la pensée d'être loin de ma famille, de mes connaissances, de mon pays, tout cela me plongea dans une tristesse profonde ; mon cœur se sentit oppressé par la plus pénible mélancolie. C'est alors que, me souvenant du Dieu de mes pères, je me jetai à genoux et je le conjurai de m'éclairer sur la véritable religion. Je le priai, si la croyance des chrétiens était vraie, de me le faire connaître, et si elle était fausse de m'en éloigner tout aussitôt. Le Seigneur qui est près de tous ceux qui l'invoquent du fond de leur cœur, exauça ma prière. Tout aussitôt je fus éclairé, je vis la vérité, la foi pénétra mon esprit et mon cœur. »

Ce fut la dernière fois où il s'adressa au Dieu de ses ancêtres. Celui-ci ayant dissipé ses doutes, Jacob, débarrassé de toutes ses inhibitions, put se préparer à recevoir le baptême. Sur le conseil de ses guides spirituels, il étudia l'ouvrage de Lhomond sur l'Histoire de la doctrine chrétienne et l'Histoire de la religion, accepta sans difficulté, sans même avoir eu à faire taire sa raison, les mystères fondateurs de la religion chrétienne. Voici ce qu'il écrit lui-même à ce sujet :

« La grâce prévient parfois la connaissance. Notre Seigneur attire à lui l'âme et lui imprime dans son intérieur une grâce de foi à toutes ses paroles, sans qu'elle y comprenne rien, et cette âme est fidèle à la grâce ; elle se rend sans résistance à tout ce qui lui vient de Notre-Seigneur, sans vouloir d'abord comprendre les choses qu'elle croit[...] Notre-Seigneur lui donne intérieurement des lumières et des connaissances sur l'objet de la foi, et ces connaissances sont beaucoup plus parfaites, plus intimes, plus convaincantes que celles qu'une âme acquerrait par elle-même. »

Le moment tant attendu arriva : ses guides spirituels estimèrent que le jeune talmudiste était digne de recevoir le baptême. Drach réussit à obtenir que le baron de Malert, préfet de la Seine, fût le parrain de son protégé, la marraine étant, toujours à la demande de Drach, la comtesse d'Heuzé. La cérémonie eut lieu à la veille de Noël 1826 dans des conditions particulièrement dramatiques : enveloppé d'un manteau blanc, le converti fut d'abord exorcisé.

A juste titre, car, comme le vénérable Père l'avoua plus tard, à la veille du baptême, il était en proie à des scrupules envers ses frères de race qu'il s'apprêtait à renier solennellement. Mais il ne lui était plus possible de revenir en arrière, d'abandonner la voie sur laquelle il s'était engagé. Ce fut donc la conscience trouble qu'il baissa la tête pour recevoir le sacrement. Cependant, au moment où l'eau bénite coula sur son front, ses dernières résistances s'évanouirent et il se sentit comme métamorphosé. « Quand l'eau sainte coula sur mon front, écrivit-il plus tard, il me semblait que j'entrais dans un autre monde ; j'étais comme au milieu d'un immense globe de feu, je ne vivais plus de la vie naturelle ; je ne voyais plus rien, je n'entendais plus rien de ce qui se passait autour de moi ; il se passait en moi des choses impossibles à décrire ; cela dura pendant une partie de la cérémonie. »

Et il fit vœu de consacrer sa vie à Dieu en devenant prêtre.

Drach accueillit sa décision avec une profonde satisfaction. Grâce à son intervention, son protégé put bénéficier jusqu'à la fin de l'année scolaire de l'hospitalité du collège Stanislas. En effet, le jeune Libermann, qui avait reçu dans le baptême les prénoms de François, de Marie et de Paul, en était réduit à l'extrême pauvreté. Son père, cruellement déçu par sa conversion (lui qui avait rêvé que son fils deviendrait le grand rabbin de Paris), l'avait maudit. Ses frères – à l'exception d'un de ses aînés, médecin dans une petite localité alsacienne où il vivait difficilement avec sa famille de plus en plus nombreuse – étaient des semi-prolétaires. Il avait donc le plus grand besoin de la bienveillance de ses protecteurs.

Se sentant responsable de son avenir, Drach, qui enseignait l'hébreu au collège Stanislas, obtint que son protégé puisse y rester à titre gracieux pendant l'année scolaire 1826-27. Le 9 juin 1827, en présence de l'archevêque de Paris et de nombreux dignitaires de l'Eglise, Libermann et deux cents trente six de ses condisciples reçurent la tonsure.

Déconcerté par la succession rapide des événements, Libermann exprima certaines réserves sur sa première année au collège. « Il n'était pas content de cette année, nota Grillard, un de ses biographes. Il se reprochait beaucoup de froideur et d'infidélité à la grâce. »

En fait, Libermann craignait de ne pas pouvoir se montrer digne de la confiance que l'on avait placée en lui. L'institution qui l'hébergeait avait pour mission de former des missionnaires. Libermann ne se sentait pas apte à exercer des fonctions aussi lourdes. Il s'en ouvrit à Drach, qui en informa l'archevêque de Paris. Celui-ci, ému par les scrupules du jeune homme, lui assura une place de boursier au séminaire de Saint-Sulpice, la plus importante institution de formation des prêtres.

Il n'y fut pas reçu à bras ouverts. Informé par Drach sur la fragilité de sa santé qui l'empêchait de se lever de bonne heure, Garnier, le père supérieur, lui conseilla de choisir une profession moins éprouvante. Apprenant par ailleurs de Drach que Libermann était un piètre latiniste mais un excellent hébraïsant, Garnier lui répondit que c'était là un grave inconvénient, car les cours étaient professés en latin et non en hébreu.

Ses condisciples semblaient également se méfier de lui. De son côté, Libermann observait à leur égard une certaine réserve : sans doute, du fait de son extrême humilité, jugeait-il leur méfiance justifiée. Il connaissait les travers propres à ses frères de race, leur prétention, leur sentiment de supériorité. Plus tard, alors que, de toute évidence, il aurait déjà éradiqué ces penchants en lui-même, il écrirait, sur le ton de la plaisanterie, à l'un de ses condisciples : « Vous savez bien que je suis un petit esprit rempli d'orgueil et qui cherche toujours à se faire estimer des autres. » A présent, c'est précisément cette tendance qu'il s'efforçait de combattre par toutes ses forces, en s'imposant une attitude de modestie et d'humilité qui frisait l'abnégation. Il cherchait à passer inaperçu non seulement par son comportement, mais aussi en réprimant, avec une sévérité souvent excessive, ses qualités intellectuelles. Quoi qu'il en fût, ses résultats dans ses études étaient plutôt médiocres.

Plus tard, débarrassé de ses doutes et de ses angoisses, reniant son ancien moi, il retrouverait la paix dans le Christ et n'aurait plus besoin d'une telle abnégation. Oublieux de leurs premières impressions, ses anciens condisciples ne se souviendraient que de ce Libermann renouvelé. A l'exception, toutefois, de l'un d'eux, Bossuet, le futur curé de Saint-Louis-en-l'Ile : il avoua ingénument que Liberman lui paraissait d'un esprit étroit et borné. Il faut savoir que Bossuet faisait partie des séminaristes « mondains » : peu enclin à l'extase mystique, il se montrait critique à l'égard de ceux qui la recherchaient à tout prix. C'est ce qui ressort de ses Mémoires. « Il me semble, écrit-il, que M. Libermann s'occupait trop vivement de ses petites pratiques de piété. En le voyant dire ses Ave Maria au pied de chaque statue, je me disais : « Il n'en finira pas ; s'il y avait des statues tout autour du parc, il ferait une jolie procession. » Sans douter de la sincérité de son zèle, il le jugeait ostentatoire. « Rien n'arrêtait M. Libermann, poursuit-il. Il ressemblait à une flèche lancée avec force à son but. Les directeurs l'estimaient beaucoup et un jour, l'un d'entre eux me disait : « Vous avez tort de vous moquer de M. Libermann ; c'est un saint, voyez-vous, que M. Libermann. » Et Bossuet de répliquer : « Ah ! un saint ! Ah bien ! Des saints comme cela n'ont pas grand mérite ! Il n'a même pas la connaissance pour commettre un péché. »

Disons-le tout net : il prenait Libermann pour un simple d'esprit. Terme plutôt élogieux en l'occurrence : dans la période la plus heureuse de sa brève existence, le père Libermann étouffait son intelligence exceptionnellement vive, pour, une fois dépouillé, ramené à l'extrême simplicité de son être, s'unir, dans l'extase, avec le cœur sanglant de Jésus. Si une telle intensité spirituelle choquait certains, elle imposait aussi le respect. Le principe consistant à tendre vers Dieu mais à y tendre en pauvre homme n'avait, certes, rien d'obligatoire pour les séminaristes : ceux-ci étaient formés non pour renier le monde, mais pour servir, en capitaines efficaces et modernes, l'Eglise en tant qu'institution. Mais ce principe s'accordait parfaitement avec la conception de M. Olier, le fondateur de Saint-Sulpice, éminent organisateur, mais aussi, comme souvent, authentique mystique. C'est son exemple que le jeune Libermann. avait coutume de suivre dans ses moments de doute. Il tenait son portrait accroché au mur de sa cellule, et son ouvrage – le Guide de la vie spirituelle - lui fournissait l'occasion de longues méditations. Malgré la prédominance de certaines pratiques bureaucratiques, l'esprit de M. Olier était encore vivant dans le séminaire et Libermann s'y conformait entièrement : l'abnégation, le reniement de sa personnalité, l'aspiration à l'union avec Jésus correspondaient à ses vœux les plus intimes.

Ainsi vivait-il, respectant rigoureusement le règlement de l'institution, sans chercher à se distinguer dans ses études, mais consacrant le plus clair de son temps aux méditations et aux dévotions, en attendant que soit accompli son vœu le plus cher, son ordination à la prêtrise. Ce n'était plus, apparemment, qu'une question de temps, sa vocation ne faisant plus aucun doute, ni à ses yeux ni à ceux de ses supérieurs. Ce fut alors que se produisit l'accident qui devait contrecarrer son projet.

L'événement ne fut pas tout à fait inattendu, mais Libermann, peu attentif à ses signes précurseurs, en avait sous-estimé l'importance. Un jour, peu après qu'il eut été sacré diacre, il fut pris, pendant sa confession, d'un tremblement convulsif, ses traits se défigurèrent, ses yeux se révulsèrent, sa bouche se couvrit d'écumes, des cris inarticulés en sortirent avant qu'il ne s'écroulât sur le sol. Terrifié, le prêtre se précipita hors du confessionnal et appela au secours. Accourus, les ecclésiastiques relevèrent le pénitent qui se débattait désespérément. Il était méconnaissable : le diacre, d'ordinaire si doux, si recueilli, qui se déplaçait toujours les yeux baissés, s'était transformé en une bête féroce que les secouristes eurent toutes les peines du monde à maîtriser. Ils parvinrent toutefois à le transporter dans sa chambre et à le coucher dans son lit. Petit à petit, les convulsions cessèrent, les traits retrouvèrent leur forme normale, la bouche écumante s'apaisa, les yeux révulsés se calmèrent, le redoutable monstre redevint le paisible séminariste d'autrefois. Avant même que ce processus eût pris fin, les élèves consternés quittèrent la cellule sur la pointe des pieds : ils ne voulaient pas que leur condisciple, une fois revenu à lui, fût témoin de leur attroupement autour de son lit.

Ils le laissèrent seul avec sa honte, oui, sa honte, car, même s'il n'avait pas compris ce qui lui arrivait, à aucun moment il n'avait véritablement perdu connaissance. Ayant retrouvé tous ses esprits, couvert de sueur, il se sentit brisé, épuisé, comme s'il avait fait un effort physique surhumain, accablé, abasourdi, incapable de se rendre compte de son état. Il savait seulement qu'il avait brusquement perdu le contrôle de lui-même, que, dans un mouvement anarchique, obéissant à sa propre dynamique, chaque parcelle de son corps s'était rebellée contre la discipline qu'il s'imposait, cherchant à faire exploser ce corps qu'il avait méprisé et sacrifié au salut de son âme. Oui, il venait d'assister à la révolte de son corps, ou, plus exactement, - le corps n'ayant ni volonté ni conscience - à la révolte de cette âme d'autrefois qu'il avait reniée sans pouvoir l'éradiquer complètement, et qui, pour se venger de l'humiliation que lui avait fait subir son maître ingrat, s'était exprimée par le truchement du corps. Quelle force, se demandait-il, avait pu l'agiter ainsi et le projeter au sol sinon celle de ses passions refoulées ? C'est-à-dire cet ego d'autrefois qu'il avait renié, cet héritage transmis par ses ancêtres et qui, refaisant surface, l'avait emporté sur toutes ses bonnes résolutions. Il attendit, tremblant, la survenue de la crise suivante. Celle-ci l'assaillit dans sa cellule. Cette fois, maître de ses nerfs, il observa dans la glace la déformation de ses traits : ces lèvres qui se tordaient, ce nez qui s'allongeait, ce visage qui grimaçait, évoquant ces caricatures par lesquelles certains dessinateurs féroces avaient cherché à représenter sa race, semblaient le narguer. « Ainsi, tu as voulu me renier ? lui lançait l'affreux personnage dans la glace. Tu as beau porter la soutane, malgré ton accoutrement, tu restes ce que tu as toujours été ! »

« Non, répondit-il, effrayé. Je ne suis plus cela. C'est le diable qui a défiguré mes traits, c'est lui qui me suggère de mauvaises pensées. » Par un impitoyable effort, il maîtrisa son âme, à défaut de pouvoir juguler son corps, et attendit calmement la fin de sa crise.

Epilepsie selon le langage médical, « haut mal » dans le langage populaire, ces éclipses périodiques de la conscience s'accompagnent de crises en tout point semblables à celles que dut subir Libermann pendant toute une décennie. Tout se passe comme si le malade était aux prises avec une force invisible que les psychanalystes désignent par le terme d'inconscient, un ensemble de représentations refoulées, qui, dans certains cas extrêmes, se révoltent contre la dictature de la raison et de la volonté, et, ne pouvant se manifester par des actes, s'attaquent à leur enveloppe charnelle.

En deçà du bien et du mal, l'hypothèse psychanalytique se borne à postuler que les contenus refoulés doivent s'évacuer d'une façon ou d'une autre, soit par un mécanisme appelé sublimation, soit, si celle-ci échoue et si la censure est trop forte, en suscitant des réactions corporelles impressionnantes, telles que crises d'hystérie ou d'épilepsie. A notre avis, le saint, le dément, le tueur gratuit et l'épileptique présentent des traits communs qu'ils ne partagent pas avec le commun des mortels : ils sont en proie à des instincts (volonté de puissance ou désir sexuel) particulièrement impérieux.

Pareille hypothèse ne doit pas scandaliser. Les tièdes, ceux qui mènent une vie sans éclat, sans connaître de douloureux conflits intérieurs, ne commettront sans doute jamais de crimes monstrueux, mais ne se distingueront pas non plus par leur vertu. La tentation est la condition sine qua non du sentiment de culpabilité, lequel est la source de toute aspiration à la rédemption. Les saints le savent bien, eux qui se considèrent comme de misérables pécheurs qui doivent à la grâce divine d'avoir réussi à sublimer leurs penchants criminels en les métamorphosant, au prix de cruelles mortifications et pénitences, en actes de piété et de dévouement. C'est donc à juste titre que Libermann voyait dans ces crises d'épilepsie la résurgence de sa nature qu'il croyait avoir vaincue. « Mais s'il en est ainsi, ajoutait-il aussitôt, je dois la réprimer avec la dernière énergie chaque fois qu'elle cherchera à se manifester ». Désormais, son corps, lieu du déchaînement de sa nature profonde, ne fut plus pour lui qu'un simple objet à regarder avec indifférence et impassibilité.

« Il faut, écrit-il, que nous soyons, par rapport à nous comme nous sommes à l'égard d'un morceau de bois que nous rencontrons dans la rue. Nous mettrions-nous en peine si ce morceau de bois est vert ou rouge, s'il est pourri ou s'il est sain, s'il est bon à quelque chose ou non ? Il faut en faire autant par rapport à nous. La seule chose que nous ayons à faire, c'est de nous tenir tranquillement unis à notre Dieu, et de nous mettre dans une disposition entièrement selon sa sainte volonté, nous tenant toujours devant lui comme une victime toute dévouée à son saint amour. Il faut être totalement abandonné à lui, ne voyant que lui, ne cherchant que ce qu'il désire, veillant intérieurement sur notre misère, le considérant toujours paisiblement au dedans de nous, afin d'obéir tranquillement et sans la moindre résistance aux grâces douces et aimables par lesquelles il nous parle toujours. »

Il assume donc sa croix, tout en sachant que si ses crises ne cessent pas, il sera renvoyé. Pourquoi garderait-on un épileptique qui ne sera jamais prêtre ? Et s'il est renvoyé, que deviendra-t-il ? Bien entendu, dans l'immédiat, il peut encore rester, ses directeurs et ses condisciples le traitent avec une mansuétude fraternelle, mais, un jour, ils devront prendre une décision à son sujet. Et Libermann attend ce jour dans l'angoisse. « Je n'ai pas demandé encore à M. le supérieur, écrit-il à son frère, et je ne lui demanderai pas pourquoi il ne me renvoie pas de la maison ; peut-être a-t-il encore l'espoir de me faire ordonner dans un an ou deux ; cependant, je pense bien plutôt qu'il me garde par charité, car il sait que je n'ai rien, et il a pitié de moi. Dans tous les cas, il est dans l'ordre de la Providence que je reste encore, et c'est mon devoir de m'y conformer. »

« Prévoyant, poursuit-il, que je ne pourrais rien vous dire qui vous fît plaisir, j'avais pris le parti de me taire, et voilà toute la raison de ma négligence. Ma santé va toujours mieux ; les nerfs sont beaucoup plus calmes qu'ils ne l'étaient il y a deux ans. Je n'ai cependant pas avancé au sous-diaconat, parce que mon mal ne m'a pas quitté tout à fait, et probablement j'en aurai encore pour bien longtemps. Par conséquent je ne pourrai pas y être promu d'ici à plusieurs années, et peut-être jamais.

« Voilà qui est bien affligeant, désolant, insoutenable. Sûrement, ce serait là le langage d'un enfant du siècle, qui ne cherche son bonheur que dans les biens de ce monde, et qui agit comme s'il n'y avait pas de Dieu pour lui. Mais ce n'est pas ainsi que font les enfants de Dieu, les véritables chrétiens ; ils se contentent de tout ce que leur Père céleste leur donne, parce qu'ils savent que tout ce qu'il leur envoie leur est utile, et que s'il en arrivait autrement, ce serait un véritable malheur pour eux.

« Tous les maux dont Dieu semble nous affliger sont des biens réels, et malheur au chrétien à qui tout va selon sa volonté ; il n'est pas comblé des faveurs de Dieu. Aussi, mes chers amis, je puis vous assurer que ma chère maladie est pour moi un grand trésor, préférable à tous les biens que le monde offre à ses amateurs, puisque ces prétendus biens ne sont que de la boue et de la misère aux yeux d'un véritable enfant de Dieu, et qu'ils ne sont propres qu'à l'éloigner de son Père qui est dans le ciel. Pour moi, j'espère que si Notre-Seigneur Jésus-Christ me continue la grâce qu'il m'a faite jusqu'à présent et que je ne mérite pas du tout, je mènerai une vie parfaitement pauvre et uniquement employée à son service ; alors je serai plus riche que si je possédais le monde entier, et je défie le monde de me trouver un homme plus heureux ; car, qui est plus riche que celui qui ne veut rien avoir ? qui est plus heureux que celui dont les désirs sont accomplis ?

« Et pourquoi vous affliger à mon sujet ? craignez-vous que je meure de faim ? Eh, mon Dieu ! le Seigneur nourrit les oiseaux de la campagne, et ne trouvera-t-il plus moyen de me nourrir, moi aussi ? Il m'aime plus que les oiseaux de la campagne ?

« Mais, direz-vous, si j'étais prêtre, je pourrais avoir une place et venir en aide à ma famille. Non, mes chers amis, il n'en sera jamais rien. Mon corps, mon âme, mon être et toute mon existence sont à Dieu, et si je savais qu'il y eût encore une petite veine en moi qui ne fût pas à lui, je l'arracherais et la foulerais aux pieds dans la boue et la poussière. Que je sois prêtre ou non, que je sois millionnaire ou gueux, tout ce que je suis et tout ce que je possède est à Dieu et n'est à personne d'autre qu'à lui ; et je vous supplie de ne pas exiger que j'en agisse autrement, car ce serait injuste de votre part et inutile. Les liens de la charité qui me lient et m'attachent à mon Seigneur Jésus sont trop forts pour que vous puissiez les rompre, supposé même que vous le vouliez (ce que je ne pense nullement), pourvu cependant qu'il plaise à mon Seigneur de me continuer ses bontés, que je ne mérite certainement pas du tout. »

Il s'en remet donc à Dieu – que Sa volonté soit faite ! Sachant qu'il offre un spectacle pitoyable lorsque, la bouche écumante, il se débat sur le sol, il cherche, à l'approche de ses crises, à se retirer pour ne point effrayer ses condisciples et souffre seul, sans témoins, pendant que sa bouche murmure des prières. Mais il arrive que la crise le surprenne en compagnie de ses camarades. Parfois, il réussit à la différer en priant, mais elle est toujours là, latente et menaçante, l'épargnant pendant des semaines, et l'assaillant au moment même où il reprend espoir. Ses crises sont particulièrement violentes pendant la semaine où ont lieu traditionnellement les ordinations. « Le Malin s'acharne, parce qu'il est jaloux », se dit-il en arborant un sourire douloureux. Et il pense avec un amour débordant à ses compagnons à qui il a été donné ce qui lui est refusé.

Un jour, la crise le surprend en haut d'un escalier, il s'écroule et dégringole le long des marches. Alertés par ses cris, ses condisciples le relèvent et le portent dans son lit. Le médecin du séminaire le regarde se débattre en hochant la tête. Tout à coup, les traits du malade s'apaisent et il adresse un sourire reconnaissant au médecin qui se penche sur lui. En sortant, le praticien, surpris et ému, déclare : « Je connais les tourments et les bouleversements que ce mal peut provoquer chez ceux qui en souffrent. Ce jeune homme est un ange ou un saint. »

En effet, Libermann ne se montre jamais morne ou désespéré. Pourtant, une épreuve particulièrement pénible l'attend encore. Le jour de la fête du Sacerdoce de Jésus, jour particulièrement important aux yeux des élèves du séminaire, le Christ lui apparaît dans l'église, au moment le plus solennel de la messe. Il lui est donné de contempler dans sa réalité physique celui qu'il sert. Vêtu de son habit de prêtre, le Christ avance parmi les rangs des séminaristes et bénit chacun d'eux. Quand le Christ arrive à la hauteur de Libermann, le rayonnement cesse, le Fils de Dieu le traverse du regard et continue son chemin. La vision s'évanouit. Mais en était-ce vraiment une ? L'événement est trop douloureux pour que Libermann puisse le garder pour lui : il en fait part à son confesseur, calmement et objectivement. Celui-ci lui propose, sans trop de conviction, une interprétation différente de la sienne.

Libermann est en proie au désespoir. En vain offre-t-il chaque jour, chaque minute, chaque seconde de son existence au Christ, le Rédempteur ne veut pas de son sacrifice. Il aurait toutes les raisons de douter de sa vocation, mais en levant son regard sur le portrait d'Olier, son maître, que les souffrances n'ont pas épargné, il se sent rasséréné et se résigne à son sort. Il faut aimer Dieu sans retour, même lorsqu'il semble s'éloigner de nous, nous délaisser, même lorsque notre âme est trop faible pour s'élever à lui, lorsque notre esprit s'émousse et que le désespoir nous guette... Oui, se dit-il, Olier a connu cet état de détresse que les mystiques appellent tantôt « sécheresse » tantôt « nuit » de l'âme, l'âme à laquelle le Saint-Esprit refuse la grâce pour la livrer aux tourments du doute. Que de souffrances Olier n'a-t-il pas endurées ! Sa foi éteinte, il se sentait affaibli, vidé de sa substance, ses jambes ne le portaient plus, son estomac refusait de garder la nourriture ; il avait le sentiment d'être damné dès sa vie terrestre, il s'accusait de tous les maux, se prenait pour Judas, pour un ennemi du Rédempteur. Or, conclut Libermann, Dieu l'avait simplement mis à l'épreuve. Ce qui est sans doute également mon cas.

C'est pendant ces périodes de découragement que se révélait l'utilité de la discipline institutionnelle, du mécanisme de la prière, ainsi que de cette autre discipline qu'il s'imposait et qui était devenue sa seconde nature, à savoir l'humilité et la patience infinies. Il ne se trahit qu'une seule fois. Un jour, un de ses condisciples, qui lui-même se plaignaient de ses états d'âme, lui dit : « Comme je vous envie d'être toujours d'humeur égale, toujours équilibré. » « Je ne vous souhaite pas de connaître mes tourments, répondit Libermann. Chaque fois que je traverse un pont, je dois me retenir pour m'empêcher de me jeter à l'eau. Je ne dois qu'à Jésus-Christ de ne pas sombrer et d'accepter sans murmurer tout ce qui m'arrive. »

Peu de temps après cette conversation, il arriva ce qu'il avait redouté depuis quelque temps. Issu de la révolution de février 1830, résultat d'un compromis, le nouveau régime, celui du « roi-citoyen » Louis Philippe, ne parvint pas à rétablir l'autorité du trône et de l'Eglise. Cette dernière, ayant vu ses revenus considérablement diminuer, dut recourir à des économies drastiques. C'est ainsi que l'archevêque de Paris se vit contraint de supprimer la bourse qu'il avait accordée à Libermann. Cette décision fut communiquée à l'intéressé par M. Carbon, un membre du conseil, en présence de M. Garnier, directeur du séminaire. « J'ai la triste mission de vous faire connaître cet arrêté, déclara-t-il au pauvre séminariste. Votre maladie constituant un obstacle insurmontable à votre avancement, il serait plus sage de rentrer dans le monde et de profiter de votre jeunesse pour prendre un état qui vous conviendra mieux. » Libermann reçut cette nouvelle avec une soumission qui ne manqua pas d'impressionner ses interlocuteurs. Il remercia ces messieurs de leur bonté et du grand intérêt qu'ils lui avaient porté et leur demanda, d'un air résigné, de le prévenir du jour où il lui faudrait quitter le séminaire. Il allait se retirer, lorsque M. Garnier, inquiet de son sort, lui demanda où il se proposait d'aller.

« Je n'ai ni ressources, ni asile », répondit-il humblement. Je vais aller dans la rue et la Providence me conduira où elle voudra. »

Cette réponse si simple et si sublime suscita l'admiration de ces messieurs.

« Je ne puis vous laisser partir ainsi, s'écria M. Garnier. Nous allons tâcher de vous trouver un moyen de subsistance. »

« Je vous suis très reconnaissant, Monsieur, répondit Libermann, mais je ne peux pas rentrer dans le monde. Dieu, je l'espère, voudra pourvoir à mon sort. »

Ces dernières paroles touchèrent si vivement le cœur du supérieur, que, tout ému de compassion, il se hâta d'assurer Libermann que, puisque sa décision de ne jamais rentrer dans le monde était si ferme et si résolue, il allait user de tout son pouvoir pour que le séminaire de Saint-Sulpice le prît à sa charge jusqu'à sa mort.

A partir de ce jour, Libermann va vivre aux frais de la Compagnie de Saint-Sulpice. Fin 1831, ses supérieurs l'envoient à Issy où il restera environ dix-huit mois, n'ayant d'autre tâche que de faire sa chambre et de soigner les arbres. Ayant dû renoncer à être ordonné prêtre, mais refusant de se ménager, il se consacre à sa véritable vocation, celle d'un directeur spirituel. Non pas pour satisfaire son ambition personnelle, mais pour obéir à une irrésistible contrainte intérieure. A la fois séminariste et homme à tout faire, il balaie la cour, taille les arbres, monte les bagages des nouveaux venus dans leur chambre. Toujours disponible, toujours empressé, il se rend indispensable, gagne la sympathie de tous et devient une sorte d'agent de liaison entre la maison mère et l'annexe d'Issy. Mais les menus services qu'il rend à ses compagnons ne l'empêchent pas de leur servir d'exemple par sa ferveur religieuse, aussi humble que discrète. Il choisit, pour exercer ses dévotions, les coins les plus retirés du vaste parc ; il y médite pendant de longues heures, souvent dans l'extase. Ses compagnons ne voient plus en lui l'intrus, le petit Juif qui sait parler de Dieu de façon si captivante : quel que soit le jugement qu'ils portent sur lui, ils l'aiment et l'apprécient, certains avec indulgence à l'égard de ses excès de zèle, d'autres, plus nombreux, avec une admiration sans bornes.

Au séminaire de Saint-Sulpice, comme dans toute institution, les élèves ont tendance à se regrouper selon leurs penchants et leurs centres d'intérêt. Même s'il s'agit de former des prêtres, l'enseignement qu'on y dispense ne cherche nullement à combattre l'intérêt pour « le siècle », n'interdit pas l'étude des sciences dites profanes et ne s'oppose pas à la pratique des sports. Parmi les élèves, seule une petite minorité méprise ce genre d'activités. Ceux-là préfèrent se consacrer entièrement, avec un zèle juvénile, à leur vocation.

On retrouve le même clivage, mais de façon moins visible, au sein des membres de la direction. Les différences de tempérament y sont pour beaucoup. Entre également en ligne de compte la façon d'envisager la prêtrise : certes, pour agir efficacement dans l'intérêt de l'Eglise, les futurs prêtres se doivent d'être au courant des problèmes quotidiens qui préoccupent leurs fidèles. Mais certains, comme Libermann, accordent la priorité à l'éducation spirituelle. « Un prêtre médiocre est un être inutile », écrit-il. Il s'intéresse surtout à ceux qui mènent une vie spirituelle intense, et reste en contact avec eux même après leur départ du séminaire. Les lettres qu'il leur adresse témoignent à la fois de la nature de son apostolat et de ses propres états d'âme au cours de ces années si importantes pour son évolution ultérieure.

Une de ces lettres nous permet de nous faire une idée de son combat contre sa maladie.

« Prenez garde, écrit-il à un de ses correspondants, de vous décourager de tout cela. Tout découragement vient du démon ou de l'amour-propre, ou de l'un et de l'autre à la fois. Le démon ne cherche rien tant que de le provoquer en nous ; une fois qu'il a gagné cela sur nous, il est bientôt le maître de notre âme. D'un autre côté, notre amour-propre qui est bien sot et bien peiné de se voir si misérable, ne tarde pas à tomber bientôt dans la tristesse et le découragement.

« La grâce de Dieu fait précisément le contraire : au lieu de nous décourager, elle nous donne une grande force pour triompher de nous-mêmes et de tous nos ennemis. Elle nous fait éprouver une grande peine de nos fautes, mais cette peine est suave et paisible ; on souffre, mais on désirerait toujours souffrir de la sorte. »

Au cours de ces années de servitude et de méditations, Libermann s'abandonna entièrement à Dieu, réussissant à se détacher définitivement de son passé. Surmontant toutes ses inhibitions et tous ses doutes, il apprit à laisser libre cours à ses pensées, lesquelles, - il en était convaincu - n'étaient pas les siennes, mais celles du fondateur du séminaire.*

---

* Jean Jacques Olier, le fondateur du séminaire Saint-Sulpice, naît en 1608. Fils de parents riches et influents, qui rêvaient pour lui d'une carrière rapide et brillante au sein de l'Eglise, il devient, en 1630, bachelier en théologie et part pour Rome pour apprendre l'hébreu. Sa vue baissant dangereusement et les médecins ne lui laissant aucun espoir, il se rend en pèlerinage à Notre-Dame de Lorette où il guérit miraculeusement. Rentré à Paris, il est ordonné prêtre en 1633, se propose de partir pour le Nouveau Monde afin de convertir les Indiens, mais son directeur spirituel, le père Condren, le détourne de son projet. Entre 1639 et 1640, il subit une crise de dépression à laquelle une vision met fin : « Il plut à Dieu, écrira-t-il plus tard, de se présenter en moi en esprit ; et, pour m'encourager, il me paraissait porter dans ses bras une compagnie de personnes, et m'exprimer par là le grand soin qu'il prendrait de nous ; j'éprouvais en même temps une confiance extraordinaire que cela serait de la sorte. » J.J. Olier va vivre avec deux de ses compagnons qui, comme lui, entendent consacrer leur vie à Dieu. Ils prient, lisent l'Ecriture sainte et adorent le Très-Saint Sacrement. D'autres se joignent à eux et assistent aux conférences de J.J. Olier sur l'Ecriture Sainte. La petite communauté devenue séminaire s'établit à Vaugirard et fonde, en 1642, le presbytère de Saint-Sulpice. Selon l'intention de M. Olier, le séminaire ne devait pas être seulement un lieu de formation aux vertus ecclésiastiques, mais aussi une maison d'études où les clercs devaient acquérir les connaissances théoriques et pratiques nécessaires pour pouvoir exercer convenablement leur ministère.

Libermann partageait l'opinion de J.J. Olier sur la science « profane » :

« La science, écrit Olier, est une vanité très dangereuse. Aussi, faut-il l'étudier chrétiennement et avec humilité, car notre esprit est très sujet à l'erreur. »

« Notre occupation principale, poursuit Olier, doit être de sanctifier le clergé. » Dans cet esprit, Olier fut le créateur, parmi les clercs du séminaire, d'une section distincte, le « séminaire intérieur » à l'intention de ceux qui se destinaient à être toute leur vie ses collaborateurs.

L'esprit du « séminaire intérieur » se perpétuait dans les « bandes de piété », l'Association des Apôtres et l'Association du Sacré-Cœur. Libermann, qui, pendant cinq ans, s'était abstenu de toute remarque sur les événements du séminaire, s'efforça, dans la deuxième partie de son séjour, d'intensifier l'activité de ces associations, d'abord en donnant l'exemple, ensuite en exhortant et en dirigeant leurs membres. En quoi s'y sentait-il autorisé ? Il répond à cette question dans une de ses lettres :

« La vue de notre incapacité et de notre nullité doit être pour nous un grand sujet de paix en nous convainquant que Dieu lui-même veut mettre la main à l'œuvre pour opérer en nous et par nous toutes les grandes choses auxquelles il nous destine. Car il connaît bien mieux que nous notre pauvreté et notre misère. Et pourquoi donc nous a-t-il choisis, sachant que nous ne pouvons rien, sinon pour montrer avec évidence que c'est lui qui fera l'ouvrage et non pas nous ? »

Ce qui étonne plutôt, c'est que certains de ses condisciples l'aient accepté pour leur chef et directeur spirituel. Sa situation au sein de l'institution était des plus précaires, on pouvait le renvoyer du jour au lendemain. De plus, il n'avait aucune des qualités qui, d'après des critères séculiers, caractérisent la personnalité d'un dirigeant. Mais, dans cette institution, il n'avait pas besoin de « prestige », au sens mondain du terme. L'ascendant qu'il exerçait sur ses compagnons était de nature purement spirituelle. De nombreux témoignages le confirment.

« Je puis vous assurer, écrit l'abbé Raymond, vicaire général de la Nouvelle-Orléans, que sa vue seule inspirait la dévotion. Il y avait dans sa figure quelque chose du ciel qu'on ne rencontrait point ailleurs ; ses conversations étaient toutes en Dieu et pour Dieu ; et il le faisait si naturellement, on avait tant de plaisir à l'entendre qu'on pouvait se répéter comme les disciples d'Emmaüs : Notre cœur n'était-il pas brûlant d'amour quand il nous parlait ?

« Nous le regardions comme un saint, et c'est le nom que nous lui donnions ; le saint du Séminaire d'Issy. On ne pouvait découvrir aucun défaut en lui, pas le plus léger. Toutes les vertus brillaient en lui du plus vif éclat ; il a pratiqué toutes les vertus à un degré héroïque. »

« Sa piété, se rappelle l'abbé Balme, aumônier du pensionnat Notre Dame, était proverbiale parmi nous et il s'attachait à sa personne une idée d'édification qui n'était pas seulement de l'estime, mais qui tenait de la vénération. Sous la simplicité la plus gracieuse et la plus aimable, on découvrit facilement une âme supérieure, unie à Dieu et familiarisée avec la méditation.

« Enfin, Monsieur, pour vous rendre toute ma pensée, quoique je le mette en parallèle avec ceux de mes bons confrères dont la piété et les vertus m'ont laissé la plus heureuse impression, je n'en trouve aucun qui l'ait surpassé et auquel j'aie pu appliquer plus spontanément et plus véritablement ce mot : c'est un saint. »

« C'est lui, écrit l'abbé de Goy, curé de Blismes, qui m'a reçu le 20 novembre 1834 au Séminaire à Issy, où il était sous-économe. Il a porté ma malle dans ma chambre avec moi, a fait mon lit et balayé ma chambre devant moi et avec moi le premier jour ; il m'a accompagné partout pour me mettre au courant des usages du Séminaire et me diminuer charitablement la peine qu'on a quelquefois à s'habituer. Il a été mon moniteur pendant deux ans en 1835 et 1836 et m'a écrit de Rennes la plupart des lettres que j'ai encore. Je l'ai trop aimé et le bon Dieu me l'a ôté longtemps avant sa mort. Il a continué à parcourir la carrière d'un saint et je n'ai pas fait de même ; je ne l'ai revu qu'une fois après 12 ans, et encore je ne me suis pas senti capable de bien profiter de ses bons avis, pas même de les lui bien demander, et j'ai fait depuis sa mort d'amers mea culpa. Cependant, j'ai osé le prier et je crois qu'il a prié pour moi et m'a secouru. »

Toutefois, la majorité des séminaristes observaient les efforts du petit Juif avec une ironie condescendante. A leurs yeux, sa dévotion tenait de l'hypocrisie et son zèle apostolique procédait de son désir de faire l'important. En particulier, un séminariste nommé Maignat ne manquait pas une occasion pour le ridiculiser. « Or, un jour, se souvient un de ses condisciples, M. Libermann cherchait une place au réfectoire, mais il n'y en avait d'inoccupée que d'à côté de M. Maignat qui, voyant ce voisin, fit une grimace de dégoût à faire rire tous ceux qui, sachant son antipathie, regardaient curieusement ce qui allait en advenir. N'y tenant plus, M. Maignat lui dit : « Ah ! si vous saviez comme je vous déteste ! »

« Et vous, si vous saviez comme je vous aime ! » répondit Libermann.

« M. Maignat ne savait que dire. Tant de douceur le troubla, il ne parla plus pendant le dîner, il ne pouvait pas comprendre comment pouvait supporter si patiemment son ennemi son injure grossière. Pris de remords, il fit amende honorable et devint l'un des disciples les plus assidus de Libermann. »

Les « bandes de piété » se réunissaient – en général après les promenades collectives – dans l'allée de la Quarantaine pour discuter d'un thème fixé à l'avance. Les réunions devaient se faire de telle manière qu'on les crût toutes fortuites. Les uns arrivaient d'un côté, les autres d'un autre ; d'autres attendaient d'avance au lieu de rendez-vous ; on prenait toutes sortes de précautions pour ne pas être remarqué en se rendant au lieu désigné pour la réunion de chaque bande et pour qu'on ne la soupçonnât pas. Quand quelqu'un d'étranger y arrivait, on continuait tout simplement ce que l'on disait, puis peu à peu on passait à quelque sujet de conversation tout ordinaire. On n'évitait personne, au contraire, on allait au-devant de ceux qu'on ne pouvait éviter sans faire soupçonner la réunion.

Naturellement, le « secret » ne manqua pas de s'ébruiter et on parla de plus en plus de ces réunions. Ceux qui en faisaient partie étaient appelés par les autres « mystiques » ; on les critiquait, on riait des airs de contention dont chacun d'eux, les commençants surtout, marquait sa piété ; on les trouvait faux et exagérés dans leurs conversations. Le point le plus grave était que les fervents qui composaient les bandes n'étaient pas assez condescendants, ne se faisant pas assez tout à tous et suivant avec trop de scrupules et de roideur des attraits intérieurs qui les portaient à se tenir en Dieu ; toujours occupés de lui et à parler de lui, ils déplaisaient à ceux qui n'en faisaient pas partie, de sorte que ces indispositions et ces répulsions les éloignant des fervents rendaient plus frappante la division déjà apparente dans le Séminaire par la conduite différente des deux partis. Les fervents repoussés, les plus dissipés s'unirent davantage.

Les plaintes des mécontents arrivaient aux divers directeurs. Les uns étaient opposés *a priori* et en principe à ces bandes, les autres les jugeaient d'après la division qu'elles semblaient produire ou augmenter dans le Séminaire ; d'autres enfin, voyant de près et à fond le bien extraordinaire qu'elles produisaient, sans blâmer leurs confrères, engageaient à continuer avec le plus de prudence possible ; du nombre de ces derniers étaient en première ligne M. Mollevault, M. Gallais et M. Carbon.

Libermann s'employa tout particulièrement à convaincre M. Pinault, qui, parmi les directeurs, se montrait le plus hostile à ses « bandes de piété ». Or, à la première ouverture qu'il lui fit de ses pensées, il se vit compris au delà de ce qu'il aurait jamais osé espérer. Se voyant compris, il ouvrit son âme sans réserve et exposa à M. Pinault toutes ses vues sur le bien à faire dans le Séminaire. Le bien était évident, mais de grands obstacles et de grands inconvénients, qui y étaient inhérents, apparaissaient aussi. Le projet fut médité, puis proposé au Supérieur général et au directeur du Séminaire de Saint-Sulpice. Tacitement, il fut toléré.

Libermann pouvait donc continuer son activité pieuse. Il communiqua ses idées à ceux qu'il croyait assez fervents pour le suivre.

Ces idées étaient fondées sur les principes spirituels de M. Olier : renoncement, mortification, ferveur, esprit de sacrifice, union à Dieu, imitation de Notre Seigneur, esprit de charité... Au cours des réunions, on ne parlait que de piété, on s'abandonnait à l'inspiration divine, chacun communiquait en toute simplicité, passant souvent d'un sujet à l'autre.

Libermann allait d'un groupe à l'autre, orientait les discussions, faisant preuve d'une discipline peu commune, fruit d'un équilibre intérieur chèrement acquis, de sa victoire sur ses doutes et son désespoir.

Il ne fit allusion à ce dernier qu'une seule fois, et comme malgré lui. Un de ses disciples ayant évoqué l'extase qu'il avait éprouvée pendant la messe, Libermann lui dit, avec douceur : « J'y étais aussi, eh bien ! j'étais insensible comme une bûche. »

On se souvient de la pénible vision qu'il avait eu quelques années plus tôt : alors qu'il bénissait les séminaristes qui faisaient leurs dévotions, le Christ l'avait traversé du regard. Libermann avait toujours le sentiment que, malgré la ferveur avec laquelle il priait, le Christ lui demeurait inaccessible. On imagine sa souffrance. Cependant, ce refus et la sensation de vide intérieur qui s'ensuivait ne diminuaient en rien son adoration pour Jésus. Semblable à Goethe, il ne s'attendait pas à être aimé de retour, bien au contraire, il condamnait le recueillement « qui se délecte dans la jouissance. » « C'est Jésus qui est notre vie et notre existence, écrivit-il à un jeune séminariste. Il faut donc nous en tenir en toute paix et suavité intérieure devant lui, pour qu'il agisse selon son unique bon plaisir.

« Quelquefois il agit avec une certaine rigueur, quelquefois d'une manière couverte et d'une multitude de façons crucifiantes pour les âmes. Pauvres âmes, que leur reste-t-il à faire ? sinon de se tenir comme mortes en elles-mêmes et pour elles-mêmes, afin de laisser à Jésus, leur unique vie et leur unique amour, une grande liberté d'agir et de vivre en elles d'une action et d'une vie de rigueur, elles se tiennent ainsi mortes en elles-mêmes, elles s'oublient, se négligent, s'abandonnent pour tenir leurs regards intérieurs paisiblement fixés sur leur bien-aimé Jésus. Le divin Maître y travaille selon l'étendue de son amour ; il frappe, retranche, immobile en elle-même ; elle ne voit que son Jésus et le bon plaisir de son cœur bien-aimé ; elle se réjouit, pleinement de tout ce qu'il fait, ou plutôt, elle se réjouit en Jésus, et ne s'occupe pas même de ce qu'il fait. Cela vient de ce qu'elle s'oublie elle-même, qu'elle oublie tout intérêt et toute recherche propre.

« Remarquez surtout, mon bien cher frère, ces dernières paroles : que l'âme ne doit pas s'occuper des opérations de Jésus en elle. Cela me paraît très important. Ne vous contentez pas de souffrir avec patience, avec complaisance même. Ne vous dites pas en vous-même que ces peines vous seront utiles pour votre sanctification.

« Tout cela est très bon et même excellent. Mais il y a quelque chose de mieux à faire, si vous voulez être agréable devant Dieu : c'est de négliger et d'oublier tout, pour ne penser qu'à Jésus, et ne vous occuper que de Jésus. Lors donc que vous vous trouvez dans ces ennuis et ces fatigues spirituelles, ne vous en inquiétez pas, mais tâchez de mettre votre esprit dans un état de repos, ne l'occupant de rien et ne l'appliquant à aucune pensée ou idée particulière ; ne le fixez pas même à la pensée de Dieu ; de manière que votre esprit soit tourné vers lui sans être fixé. J'ai de la peine à m'exprimer, mais vous sentez qu'avoir l'esprit fixé vers Dieu ou devant Dieu exprime, jusqu'à un certain point, un état de contrainte. »

Libermann semble partager les idées de saint Jean de la Croix sur l'authentique recueillement :

« Tous les goûts, écrit ce dernier dans *Lettre à un religieux*, tous les désirs de même que toutes les affections se forment toujours dans l'âme par l'entreprise de la volonté ; cette faculté de l'âme recherche les choses qui viennent s'offrir à elles comme bonnes, agréables et attrayantes, parce qu'elles lui paraissent excellentes et savoureuses. Alors, selon la mesure de ces impressions, les appétits de la volonté se mettent en mouvement vers elles ; elle les désire et, si elle parvient à les posséder, elle se complaît en elles et craint de les perdre. L'âme, de la sorte, en proportion des affections que lui inspirent et des jouissances que lui procurent ces choses, se trouble et s'inquiète. Donc, pour en venir à mortifier et anéantir ces désirs de goûts à l'endroit de tout ce qui n'est pas Dieu, Votre Révérence doit remarquer que la volonté ne peut se complaire distinctement que dans ce qui apporte suavité et jouissance ou du moins ce qui lui paraît tel. Or, jamais en jouissant d'aucune de ces choses, elle ne peut trouver sa joie et ses délices en Dieu, parce que Dieu ne peut pas plus tomber sous les appétits et les goûts de la volonté qu'il ne peut être saisi par les autres puissances de l'âme. L'âme, tant que dure cette vie, ne saurait goûter Dieu dans sa divine essence, il s'ensuit que toute la douceur et les délices qu'elle savoure, si élevées qu'elles soient, ne peuvent être Dieu... Cela posé, il faut, pour s'unir à Dieu, faire le vide en l'âme et la détacher de toute affection désordonnée, des appétits et des goûts de tout ce qui peut lui procurer une jouissance distincte dans les sphères supérieures comme dans les inférieures, dans les choses de la terre aussi bien que dans celles de l'esprit, afin que, purifiée de toute espèce de goûts, de jouissances et d'appétits et dehors de l'ordre, elle se consacre avec toutes ses affections à aimer Dieu.

« Si la volonté peut, en quelque manière, saisir Dieu et s'unir à lui, ce n'est par aucun autre acte que l'appétit de l'amour. C'est par l'opération de la volonté parfaitement distincte du sentiment, et qui est l'amour, que la volonté s'unit à Dieu. Ces douceurs que le sentiment procure, bien loin de conduire l'âme à Dieu, ne font par elles-mêmes que l'arrêter en elles comme si elles étaient sa fin. C'est pourquoi celui qui est attiré à aimer Dieu par la douceur qu'il ressent doit refouler ces impressions pour ne mettre son amour qu'en Dieu qu'il ne sent pas... De cette manière, la volonté aime un objet certain, elle l'aime en vérité et selon les lumières de la foi ; elle l'aime dans le vide et l'obscurité du sentiment plus qu'elle ne pourrait le faire par toutes les impressions d'amour que peuvent produire en elle l'entendement et les efforts de l'intelligence ; en croyant et en aimant ainsi, elle aime par-dessus tout ce qu'elle peut comprendre. Bien insensé serait donc celui qui, sevré des douceurs et des consolations spirituelles, s'imaginerait que par cela Dieu lui manque et qui, en les retrouvant, se sentirait tressaillir de joie et de bonheur dans la pensée qu'il rendra par là en possession de Dieu. Plus insensé serait-il encore s'il se dépensait à chercher ces douceurs en Dieu et s'il mettait en elles ses joies et son repos. Agir de la sorte, ce ne serait pas chercher Dieu avec la volonté fondée dans le vide de la foi et la charité, mais dans les goûts et les vanités spirituelles qui sont quelque chose de créé, en suivant ses instincts et ses appétits.

« Toujours vous devez vous tenir en garde contre ce qui vous semble bon, lorsque surtout vous n'avez pas la sécurité que donne l'obéissance.

« Quel que soit votre supérieur, ne voyez jamais en lui que Dieu seul. »

Libermann développe les mêmes idées, mais plus chaleureusement, avec plus de compréhension envers les faiblesses humaines :

« Il faut que l'âme se quitte, après avoir quitté toutes les créatures. Non seulement elle ne doit plus chercher aucune joie, aucun contentement ni aucune consolation en aucune créature – ce qui n'est que le commencement de la vie spirituelle, – mais elle doit se quitter complètement elle-même, dans ce sens d'abord qu'elle ne doit plus chercher sa jouissance dans les choses spirituelles, qu'elle doit éviter tout retour de complaisance dans la vue du bien qu'elle prétend voir en elle, ou de tristesse dans la vie du mal réel qu'elle y remarque.

« Toutes ces choses sont très excellentes devant Dieu ; ce sont là les fondements qu'il faut poser pour devenir un homme intérieur ; mais ce n'est encore que le commencement de la perfection de l'âme chrétienne. Pour la compléter, il faut joindre le renoncement à toutes choses et à soi-même, pour ne plus vivre que pour Dieu et à Dieu seul. C'est là un point capital dont il ne faut jamais se départir, et auquel il ne faut jamais cesser de travailler, mais toujours dans un grand abandon à Dieu.

« Jusque-là, toutefois, on ne fait que mourir à soi-même ; il faut aller plus loin. Il faut être mort en soi-même. Lorsqu'il plut à Dieu de créer l'univers, il travailla sur le néant et voyez les belles choses qu'il a faites ! De même, s'il veut travailler en nous pour y opérer des choses infiniment au-dessus de toutes les beautés naturelles sorties de ses mains, il n'a pas besoin que nous nous mettions en si grand mouvement pour l'aider[...]

« Laissons-le plutôt faire ; il se plaît à travailler sur le néant. Tenons-nous en toute paix et tranquillité devant lui, et suivons simplement le mouvement qu'il nous donne ; ne le précédons jamais, mais restons dans notre néant spirituel jusqu'à ce qu'il lui plaise de nous donner l'existence spirituelle surnaturelle. Nous sommes morts et sans mouvement ; c'est de lui seul que nous pouvons attendre la vie et l'impression vitale ; c'est lui qui veut être notre vie, en se communiquant à notre âme et en s'insinuant dans toutes nos puissances, pour y agir selon son unique bon plaisir. Tenons donc notre âme en paix et nos puissances spirituelles dans le repos devant lui, en attendant tout mouvement et toute vie de lui seul. Et tâchons de n'avoir ni mouvement, ni volonté, ni vie qu'en Dieu et par l'esprit de Dieu.

« Cette vie est bien belle et bien parfaite ; mais elle exige un grand calme et une grande modération dans toute notre action, soit intérieure, soit extérieure. Ce n'est point par l'activité, l'empressement, l'inquiétude et le dépit contre soi-même qu'on parvient à la paix, encore moins à cet état de perfection et de perte en Dieu. Il ne faut d'ailleurs vouloir avancer dans la perfection qu'autant qu'il est donné d'en haut.

« On doit viser à cette paix et à cet état de modération intérieure, dans la vie de ne plus vivre qu'en Dieu et par Dieu ; mais en toute suavité et soumission, attendant tout de sa main, et tâchant de faire continuellement abstraction de soi-même. Il faut s'oublier, pour tourner continuellement son âme vers Dieu et la laisser doucement et paisiblement devant lui.

« Lorsque l'activité, l'empressement intérieur, le trouble et les autres misères de ce genre nous assaillent malgré nous, tâchons de supporter ces importunités avec douceur, et ne nous imaginons pas que nous avons perdu pour cela notre état de paix. Ce ne sont que nos sens qui sont dans l'agitation ; mais Dieu repose dans le fond de notre âme où il agit en maître ; il demeure dans l'intime et comme à la racine de toutes nos facultés spirituelles ; il leur communique la vie et une paix toute spirituelle.

« En pareil cas, allons toujours paisiblement notre chemin, souffrant, comme en croix, les troubles et toutes ces sortes de peines. Et cette croix, il ne faut pas se donner trop de mouvement pour s'en débarrasser, mais tâcher seulement d'en détourner son esprit et son attention, en tenant son âme devant Dieu et tournée vers lui, avec le désir qu'il agisse selon son unique bon plaisir. »

Cette purification de l'âme, cette extirpation de tout élément capable de troubler son offrande, cette évacuation de toute volition renvoyant à soi-même, cet état que saint Jean de la Croix appelle « le vide de l'âme » et Libermann « la foi pure sans aucun mélange », est la condition sine qua non du recueillement et de la dévotion. Pour servir Dieu, il faut renier sa personnalité. Libermann y est parvenu et, désormais, tous ses efforts visent à enseigner ce noble désintéressement à tous ceux qui l'entourent. Il y travaille en montrant l'exemple et en multipliant ses exhortations, tout en insistant sur les difficultés que notre nature, par sa faiblesse, oppose à ce détachement du monde extérieur. Loin de se borner à des généralités, il prescrit, dans leurs moindres détails, tous les actes qu'il nous faut accomplir. « Il nous faut vaincre non seulement nos résistances, mais aussi notre zèle, non seulement notre paresse et notre indifférence, mais aussi notre impatience et notre obstination. Ne vous forcez pas à imiter les saints à tout prix, conseille-t-il à ses disciples, ne vous tourmentez pas inutilement, faites toujours ce que vous suggère votre sentiment le plus intime. N'oubliez pas que vous ne pouvez rien par vous-même. Gardez-vous de tout excès dans l'examen de conscience, ne tombez pas dans l'assombrissement et dans le désespoir, source de troubles. Nous ne sommes rien, Dieu est tout en nous, c'est à lui qu'il appartient de faire en nous et de nous ce qui bon lui semblera. S'il plaît à Notre Seigneur de vous laisser tout le temps de votre vie dans la bassesse, l'abjection et l'inutilité, restez-y en tout amour et abandon et ne remuez pas même le petit doigt de votre main gauche pour en sortir. »

En parlant de la sorte, il pense à lui-même, lui qui n'a guère d'estime pour sa personne (Cependant, le fait de se sentir complètement inutile le remplit de joie).

« Tant mieux, si nous ne sommes rien, si nous devons nos mérites à Jésus seul. Il a aussi, naturellement, des moments de trouble, voire de désespoir. »

« Un soir, note le Père Ducourneau, M. Libermann traversait la Seine sur un pont, en compagnie d'un séminariste ; il cherchait à calmer son compagnon avec cette suavité de paroles qui lui était habituelle ; le séminariste agité le fixe : « Ces conseils sont bons à donner quand on est soi-même heureux, toujours calme, quand on ne sait pas ce que c'est que l'inquiétude ! On voit bien à votre ton, à vos traits, que vous n'avez jamais passé par ces épreuves, vous ne souririez pas si continuellement. – Ah, mon très cher, lui répondit notre Bienheureux, je ne vous souhaite pas de passer par le crible où j'ai passé ; je ne vous souhaite pas que la vie vous soit jamais à charge comme à moi. Je ne passe jamais sur un pont sans que la pensée de me jeter par-dessus les parapets ne me vienne pour en finir avec ces chagrins, mais la vie de mon Jésus me soutient et me rend patient. »

Il serait téméraire de chercher à expliquer son désespoir par des arguments rationnels, comme, par exemple, par le rôle qu'a pu jouer sa maladie. Chaque phrase de Libermann montre qu'il accueillait avec gratitude et humilité non seulement les épreuves physiques qu'il endurait – y compris ses crises d'épilepsie – mais aussi tout ce qui contrecarrait ses souhaits et ses intentions, car il voyait dans ces épreuves et obstacles autant de contributions à l'accomplissement de son désir de perfection spirituelle. Quand on a une foi robuste, on considère toute épreuve, quelle que soit sa nature, comme un stimulant. Ainsi, malgré la douleur que lui causait le fait que sa maladie l'empêchait de devenir prêtre, il y voyait un moyen de sanctification : le renoncement à toute ambition personnelle lui permettait de se soumettre docilement à la Providence. Cet état a un point commun avec le stoïcisme : il annihile toute volonté personnelle. L'âme, détachée de tout, ne se sent nullement liée au monde, mais devient un instrument de la volonté de l'invisible administrateur de celui-ci. Ce qui n'exclut pas l'action, seulement, on n'agit pas par soi-même, mais en tant qu'instrument d'un pouvoir qui se situe en dehors de soi-même. C'est ce qui explique que Libermann ait pu ne concevoir aucun doute au moment d'agir : ce n'est pas lui qui agissait, il était agi. Il reniait sa personne parce qu'elle était attachée à son passé, il se sentait indigne, misérable, et s'estimait heureux de voir que sa situation dans le monde reflétait son état, état qu'il devait, estimait-il, à une grâce particulière de Dieu, car il le préservait du péché de l'outrecuidance. Nul ne put le soupçonner (et lui-même pas plus qu'un autre) de vouloir, par ses exercices de dévotion et de mortification, tromper son entourage ou s'attribuer des mérites. Il réussit, pendant de longues années, à passer quasiment inaperçu. On ne voyait en lui que le malheureux Juif baptisé, qui, bien qu'ayant reçu la tonsure, ne pourrait jamais faire carrière dans l'Eglise, ou encore le timide serviteur qui se chargeait des bagages des nouveaux arrivants. Tout semblait indiquer qu'il passerait toute sa vie à Saint-Sulpice, vaquant à diverses occupations ménagères, priant et méditant. Cependant, malgré tous ses efforts pour se rendre « utile » au sens terrestre du terme et pour ne pas surpasser intellectuellement ses compagnons (persuadé qu'il était que tout sentiment de satisfaction constituait un obstacle sur le chemin du salut), petit à petit, malgré lui, il devint le point de mire des séminaristes qui voyaient en lui un saint, passant, l'air absent, parmi eux, petites fourmis en proie à une vaine agitation. Un de ses condisciples, l'abbé Perrée, futur vicaire de la Trinité, nota : « La vivacité de sa foi nous avait persuadés à

Saint-Sulpice qu'il y a une grâce spéciale et très abondante réservée aux Juifs baptisés. »

Ainsi, son désespoir ne s'explique ni par son insatisfaction concernant sa situation, ni par sa maladie, mais par l'inévitable détresse de l'âme chrétienne qui voit la mort dans tout ce que nous appelons « vie » et qui, s'efforçant par tous les moyens d'extirper en elle tout ce qui entrave son salut, est obligée d'admettre qu'elle n'y parvient que rarement et toujours de façon imparfaite. Un sentiment issu de ses viscères et de son tempérament, la pusillanimité, ennemie principale de sa sanctification, pousse Libermann à se mépriser et à s'abandonner, chaque fois qu'il se sent délaissé par la grâce. Il se livre alors à une impitoyable auto-analyse, accuse ses origines, son passé, les circonstances de sa vie et va, comme saint Jean de la Croix, jusqu'à douter de ses moments d'extase, à ses yeux toujours ambigus. Alors, incapable de faire taire la voix de son sang et de sa chair, il décide d'ignorer ces moments privilégiés au même titre que ses souffrances physiques, ses crises et ses convulsions. C'est ainsi qu'il parvient non pas à l'ataraxie des stoïques, mais à la sérénité chrétienne, fruit de l'espoir et de la résignation à son sort.

Dans le feu de son baptême, il a fait le vœu de consacrer sa vie à Jésus. Depuis, même dans l'état de pauvreté extrême qui est le sien, il se cramponne à sa décision. Une telle attitude est à la fois héroïque et quiétiste. D'un côté, il est passif : il a renoncé à suivre sa volonté et accepte tout ce qui lui arrive avec une sereine résignation. De l'autre, il est passionnément actif : il satisfait consciencieusement à toutes les obligations qu'il s'est imposées, et surtout il se livre à ses actes de piété avec une vigilance attentive et non pas avec une autodiscipline toute mécanique. Pendant des années, il guette vainement la venue de la grâce, mais ne se décourage pas pour autant, se soumet entièrement à Dieu dans la douceur et dans la paix. Son but est l'anéantissement total de sa personnalité, de son esprit, de sa volonté. Tout ce qui lui arrive étant conforme à la volonté de Dieu, il est évident que Dieu entend disposer de lui. Vient l'époque où, abandonnant sa passivité et ses doutes, il se met à agir avec décision et sûr de lui.

De toute évidence, en osant critiquer les méthodes de formation en vigueur au séminaire de Saint-Sulpice, c'est à ses propres observations et expériences qu'il se réfère, même s'il est persuadé qu'en formulant ses jugements sévères, il n'exprime pas sa propre opinion. La prêtrise, dit-il, n'est pas une fonction sociale, mais une vocation. Le bon prêtre doit annihiler en lui l'homme qu'il est. Il va même plus loin lorsqu'il affirme que « le prêtre qui n'est pas un saint, est un monstre ». « On s'imagine faire beaucoup ici en professant bien la théologie, écrit-il. On se contente d'une piété médiocre et on croit pouvoir former de la sorte de bons prêtres. On se trompe. Si le prêtre est un brave homme, qui remplit exactement les devoirs extérieurs de sa dignité, c'est bien peu, s'il ne se consacre entièrement à Dieu. Au lieu de ces faux prêtres, il faudrait former des hommes qui n'aient plus de désirs, de volonté, d'affections, mais qui soient tout en Dieu. Ici, on exalte trop la science et, sans le remarquer, on rabaisse la sainteté. »

En créant ses « bandes de piété », c'est cet idéal qu'il entend poursuivre. Son entreprise ne peut réussir que par la volonté de la Providence. Quelle audace de la part d'un converti sans perspectives d'avenir, et dont la présence au séminaire n'est que tolérée, que de vouloir assumer un rôle de directeur ! Mais chacun, y compris ceux qui désapprouvent son initiative, sent que cet homme est habité par le Saint-Esprit ! C'est pourquoi, aussi invraisemblable que cela puisse paraître, les prestigieux directeurs du séminaire finissent par donner leur bénédiction à l'activité apostolique de Libermann. Mieux, ils le consultent chaque fois qu'ils sont perturbés ou assaillis de doutes concernant leur âme. Les lettres que Libermann a adressées, après leur départ du séminaire, à d'ex-professeurs ou ex-condisciples, montrent qu'il avait une vocation d'éducateur. Dans ces missives, nulle trace de scepticisme ou d'hésitation : leur ton est d'une grande fermeté. Cependant, lorsque l'un de ses ex-professeurs se répand en remerciements pour les conseils que Libermann lui a prodigués, celui-ci se récuse, humble, voire effarouché : « Vous avez la bonté incompréhensible, lui écrit-il, et je suis à peine en droit de me regarder comme votre serviteur, titre qu'il a plu à Notre-Seigneur de me donner, non seulement auprès de vous, prêtres, qui êtes les maîtres dans sa sainte Eglise, mais même auprès de ceux qui s'y préparent dans le séminaire. Ma charge était de les rendre fidèles aux ordres de leur bien-aimé Père, et de faire tout ce qui était en moi pour les rendre dignes de lui. Ne croyez pas que ce soit pour m'humilier que je vous parle ainsi ; non, non, c'est la vérité que je dis là. Je sais, de science certaine, que je ne suis qu'un serviteur dans l'Eglise de Dieu. Je ne dois pas me mêler de me compter parmi les amis de l'Epoux céleste, comme vous, mais parmi les serviteurs de sa maison... Ainsi, désormais, c'est votre serviteur qu'il faut m'appeler, plutôt que votre Père. »

S'il proteste ainsi contre le respect qu'on lui témoigne, ce n'est pas par fausse modestie, mais pour exprimer sa profonde conviction que ce n'est pas lui, mais Jésus, qui, par son truchement, propose, enseigne et agit. « Nous ne sommes rien, insiste-t-il, c'est à Jésus, à Dieu qu'il appartient de faire en nous et avec nous ce qui bon lui semble. Je m'abandonne et me remets à sa divine, mais adorable disposition à la vie et à la mort, dans le temps et dans l'éternité, tout pour lui et en lui seul. Mort et oubli total à toute créature et à moi le premier ! »

A l'été 1837, le Père Louis, directeur de la congrégation eudiste de Rennes s'adresse à Monsieur Mollevault, directeur de Saint-Sulpice, pour lui demander de mettre à sa disposition quelques-uns de ses séminaristes pour son noviciat récemment créé. Parmi les sept séminaristes désignés par Mollevault se trouve également Libermann, qui, au grand regret de ses compagnons, quitte le séminaire d'Issy et son vaste parc auxquels il se sent si fortement lié. Mais ces liens ne sont pas rompus pour autant avec son départ : Libermann poursuit son œuvre éducative par correspondance. Ses missives sont des chefs d'œuvre de l'art épistolaire, aussi bien par leur profondeur que par leur style.

Emportée par la tempête de la révolution, la prestigieuse congrégation eudiste a été ressuscitée par P. Blanchard en 1826. Les survivants de la congrégation qu'il a réussi à réunir autour de lui sont de fragiles vieillards, incapables d'œuvrer avec efficacité. C'est pourquoi il s'est adressé à la congrégation de Saint-Sulpice, à la recherche de jeunes et enthousiastes ecclésiastiques en mesure d'assumer la direction de son noviciat. C'est ainsi que Libermann se retrouve à Rennes, à la tête du noviciat eudiste. Sa nomination, qui constitue un honneur tout à fait inattendu, ne peut s'expliquer que par la volonté de la Providence – telle est, du moins, l'interprétation de Libermann, qui se soumet avec une humilité empressée aux décisions de ses supérieurs.

Pour les séminaristes de Rennes, l'arrivée de leur nouveau chef constitue un véritable choc. « Je me rappelle encore, écrit l'un d'eux, l'impression que fit sur moi cette physionomie si particulière qui attira de suite notre attention, parce qu'elle ne ressemble pas à celles de nos pays ; tous ses traits, le teint, la coupe de figure, le nez, le regard, tout annonce une origine étrangère. Je fus frappé surtout de son air calme, du léger sourire qu'on trouvait toujours sur ses lèvres en l'abordant, surtout de son regard modeste, doux, un peu dirigé vers le ciel, qui donnait à tout l'ensemble du visage un air mystérieux. C'était vraiment du respect qui s'empara de moi et je me dis en moi-même : Ce doit être un saint ! Ce sentiment fut de plus en plus confirmé par ce que j'entendis dire, et je désirai connaître de plus près celui dont la seule vue m'avait si vivement impressionné. »

Dans une lettre adressée à ses anciens condisciples, Libermann décrit en ces termes ses premières impressions :

« Il faut vous donner des nouvelles de notre pauvre petit noviciat dont je ne vous ai jamais parlé. Notre vie est douce et paisible ; il règne une union et une charité parfaite dans notre petite Communauté ; nous sommes toujours tous ensemble nous entretenant gaiement et paisiblement ; jamais personne ne paraît mécontent des autres, nous sommes tous comme une petite famille. Il semble que chacun fait ce qu'il veut et cependant l'obéissance est parfaitement observée ; cela vient de ce que tout se fait avec contentement de cœur, avec cœur et charité. Priez Dieu qu'il nous continue sa grâce et qu'il l'augmente, afin que nous nous sanctifiions dans son saint amour.

« Nous avons une petite chapelle charmante, bien ornée et bien pieuse. Les inconvénients qu'elle a sont qu'il faut monter haut et la porte est très étroite ; mais cela nous rappelle le ciel qui a les mêmes inconvénients : une fois qu'on y est on oublie tout ce qu'il a coûté, par le contentement dont on est plein. Nous sommes par la bonté de Dieu bien fournis en ornements, aubes, garnitures et le tout neuf et très propre. Il nous manque des vases pour mettre des fleurs. Si vous disiez au bon M. de l'Espinay ou à un autre brave homme qui aura quelques sous à employer pour la gloire du bon Dieu, si vous lui disiez que saint Gabriel est un grand saint dans le ciel, que c'est l'ange favori, gardien de la Très-Sainte Vierge, servant de Notre-Seigneur ! ce saint Archange saura gré et sera favorable à celui qui aura du zèle pour sa petite chapelle. Les vases qu'il nous faudrait ne doivent pas avoir plus de huit à dix pouces de haut ; ainsi, vous voyez que c'est peu de chose.

« A Dieu, mon cher ; je vous embrasse dans la charité de Jésus et de Marie.

F. Libermann, acolyte.

P.S. Si vous parliez à quelqu'un pour les vases à fleurs, il serait peut-être bon que vous ne les demandiez pas en mon nom, comme de ma part, afin qu'on ne le fasse pas par bonté pour moi, mais, pour l'amour de Dieu. Faites cependant comme vous jugerez à propos. »

Dans une autre lettre, datée du 14 novembre 1837, il constate avec satisfaction que les deux institutions, la congrégation de Saint-Sulpice et celle des eudistes, sont au service du même objectif. « L'objet des deux, écrit-il, est la sanctification de ceux qui sont dans l'église par le sacerdoce. De là, notre grande et principale occupation est de former des ecclésiastiques à la plus haute perfection. Nous avons seulement quelque chose de plus, le ministère à l'extérieur dans les missions, les confessions et les directions des personnes du dehors

« La sainte Vierge est aussi puissante chez nous qu'à Saint-Sulpice. Le P. Eudes était dévoré d'amour pour Marie et en a reçu des faveurs extraordinaires. Tous les saints qui ont eu le moindre rapport avec Notre-Seigneur sont en grande vénération chez nous, je veux dire tout ce qui touche à la Sainte Famille : Jésus, Marie, Joseph et Jean sont des patrons de premier et de second ordre. Viennent ensuite sainte Anne et saint Joachim que nous avons de plus, et saint Gabriel archange, qui est un patron de second ordre sur la ligne de saint Joseph et de saint Jean l'évangéliste. C'est saint Gabriel qui est le patron de notre noviciat.

« Vous avez l'intérieur de Jésus et de Marie, nous aussi sous le nom du Sacré Cœur. Ces deux fêtes ont été propagées par le P. Eudes avant la venue de sœur Marguerite qu'il n'a jamais connue. Les vues du P. Eudes sur le Sacré-Cœur sont admirables ; il était fou d'amour pour ce divin intérieur de Jésus et de Marie. C'est là notre dévotion par excellence et le fondement de tout ce que nous avons. Le Très-Saint Sacrement est encore une de nos grandes dévotions aussi bien que chez vous, et il y a une fête pour le sacerdoce de Notre-Seigneur, mais moins solennelle qu'à Saint-Sulpice.

« Pour la perfection qu'il exige de nous, c'est absolument Monsieur Iloer. Il semblerait qu'ils se fussent entendus là-dessus. La seule différence, c'est que le père Eudes emploie des moyens et établit un ordre de choses plus sévères que chez vous. On peut donc dire que tout est commun entre nous. Jésus et Marie se partagent entre nous ou plutôt nous unissent ensemble en leur saint amour. »

Ces deux lettres montrent avec quel enthousiasme le jeune maître du noviciat a occupé ses nouvelles fonctions. Avec son extraordinaire faculté d'adaptation, il ne tarda pas à comprendre, - comme il l'avait fait autrefois, à Saint-Sulpice - non pas tant le « génie du lieu », mais l'esprit qui présidait à la fondation de l'institution, celui d'Olier dans le cas de Saint-Sulpice, celui d'Eudes, à Rennes.* Il commença par étudier et

---

* Jean Eudes, né en 1601, oratorien, fut un disciple de Berulle et du P. Condren. Quand la peste sévissait dans son pays natal, il sollicita et obtint la permission d'aller

par recopier consciencieusement, pendant ses veilles nocturnes, les 400 pages du règlement de la congrégation et s'efforça, tout comme il l'avait fait à Saint-Sulpice, de faire adopter aux futurs prêtres sa propre conception de la prêtrise. Mais à Rennes, il dut surmonter des difficultés autrement plus graves que celles qu'il avait eu à affronter à Saint-Sulpice. A Issy, il avait pu triompher grâce à sa persévérance et à son humilité ; à Rennes, il était venu investi d'une mission. Les Rennais accueillirent avec une méfiance compréhensible le nouveau venu, qui, sans même avoir été ordonné prêtre, était appelé à les diriger.

Libermann s'entendait mal avec le Père Louis, son supérieur hiérarchique, qui avait de la prêtrise une conception beaucoup trop rigide à son goût. Libermann, qui était d'une implacable rigueur envers lui-même, mais faisait preuve d'une extrême empathie envers ses disciples, jugeait l'atmosphère de

---

assister les pestiférés, qui mouraient dans le plus complet abandon. A Caen, durant l'épidémie, il « habitait » dans un tonneau installé dans une prairie, appelée le Pré du Saint. Le fléau disparu, Eudes resta à l'Oratoire de Caen jusqu'en 1643. En 1641, il y institua l'ordre de Notre-Dame de la Charité. La même année, il inaugura sa série de conférences destinées aux prêtres et acquit la conviction que pour obtenir des serviteurs zélés de l'Eglise, il était indispensable de créer des séminaires consacrés à la formation des ordinands. Il voulut d'abord les faire fonctionner dans le cadre de l'oratoire de Caen, dont il fut nommé supérieur en 1640, mais sa demande fut rejetée. Il décida alors de fonder une société nouvelle, la Congrégation de Jésus et Marie, qui fut inaugurée le 25 mars 1643. Malgré une certaine hostilité du clergé, il réussit à créer six autres séminaires, notamment à Coutances, à Lisieux, à Rouen, à Evreux et à Rennes. Eudes fut le fondateur du culte liturgique du Sacré-Cœur de Jésus et de Marie, et institua la fête du Cœur de Marie (8 février) et du Divin Cœur de Jésus (20 octobre).

La Congrégation de Jésus et Marie regroupe des prêtres et des clercs aspirant au sacerdoce. Ils entrent dans la société après une période probatoire de trois ans et trois mois. Une des fêtes principales de la congrégation est celle du Divin Sacerdoce de Jésus, célébrée le 13 novembre, et adoptée également par les prêtres de Saint-Sulpice.

la maison de Rennes beaucoup trop froide, donc propre à décourager les meilleures volontés. La mésentente entre les deux hommes s'explique sans doute par la différence de leurs origines, de leur passé et de leur situation sociale. Le Père Louis, en fin de carrière, s'en tenait à ses méthodes qui, à ses yeux, avaient fait leurs preuves, alors que Libermann venait seulement de s'atteler à une tâche qui le passionnait. Le premier avait besoin d'un éducateur capable de discipliner ses novices ; or, on lui avait envoyé un acolyte gauche et timide qui ne pouvait que susciter sa méfiance. (Déjà, à Saint-Sulpice, Libermann n'avait été accepté et adopté qu'au bout de plusieurs années.) Mais, après tout, ce ne sont là que des conjectures, car nous ne savons rien du Père Louis. Le drame que nous relatons se joua en quelques mois, et il aurait pris sans doute une autre tournure, si certaines circonstances, apparemment indépendantes de la situation de départ, n'avaient pas hâté son dénouement. Apparemment, disons-nous, car comment savoir quelle est la part de la Providence dans ces « hasards » qui rythment la vie ? Toujours est-il que ses crises d'épilepsie, qui s'étaient espacées pendant son séjour à Issy, assaillirent Libermann avec véhémence à Rennes. A la demande du Père Louis, il aurait dû, le 7 février 1838, à la veille de la fête du Sacré-Cœur de Marie, à trois heures de l'après-midi, commenter devant ses disciples l'importance de cet événement. Mais à peine eut-il prononcé quelques mots que ses traits se défigurèrent, ses membres refusèrent de lui obéir et, la bouche écumante, le corps couvert de sueur, il se débattit furieusement sur le sol. Les élèves, consternés, eurent toutes les peines du monde à le maîtriser et à le transporter dans sa chambre. L'incident fit grand bruit. Mal disposé à l'égard de Libermann, le Père Louis se demandait à juste titre pourquoi on lui avait envoyé ce malheureux infirme. D'autres événements, tout aussi pénibles, le renfoncèrent dans ses mauvaises dispositions. Pour les comprendre, il faut tenir compte de l'atmosphère qui régnait au séminaire. L'ascèse que s'imposent les séminaristes, la lutte incessante qu'ils mènent contre leurs « mauvais » penchants, représente pour ces jeunes gens une dure épreuve à la fois physique et psychique. Ce travail de sublimation exige une énergie quasi surhumaine, et, malgré l'extrême vigilance du sujet, la censure peut, quelquefois, se montrer défaillante. Au séminaire d'Issy, le vaste parc, les promenades et les exercices physiques permettaient, tant bien que mal, d'évacuer ce genre de tensions. Mais à Rennes, le manque d'espace conduisait nécessairement à des ratés. « Celui qui ne croit pas au diable ferait bien de passer quelques mois dans un séminaire. », dit un jour un célèbre psychologue.

Libermann était arrivé à Rennes avec sept de ses compagnons. Ces derniers – De Brandt, Dupeloux, Mangot, Maignan, etc. – étaient des modèles d'autodiscipline. Pourtant, tout à coup, l'un d'eux manifesta des signes inquiétants, comme s'il était « habité par Satan ». Après plusieurs mois d'hésitation, Libermann se décida à faire part de ses observations à ses ex-compagnons de Saint-Sulpice. Le 16 mars 1838, il adressa une lettre à Paul Carron, avec prière, en cas d'absence du destinataire, de la faire suivre au diacre M. Leray.

« Il plaît à notre bon Maître, écrit-il, de nous frapper de la manière la plus sensible. Je n'ai pas voulu vous en parler parce que, lorsqu'il nous frappe, il faut recevoir avec soumission ses châtiments, quelque terribles qu'ils soient et ne pas chercher à les esquiver...

« Je vous écris maintenant de peur de me rendre coupable en me taisant plus longtemps. La chose que je vous annonce va vous accabler de douleur. Il s'agit, mon très cher frère, de notre très cher et extrêmement pauvre M. de Brandt. L'état où il se trouve est effroyable. Il n'observe plus les règles, il n'a aucun frein, il ne pense du matin au soir qu'au mal. Il s'occupe pendant les exercices de piété, et les autres exercices, ou à dormir ou à rire et à faire rire les autres par toutes sortes de farces et de singularités. Il fait souvent les mêmes farces et dans la même intention devant le Saint Sacrement. Aux récréations, il n'y a pas moyen de placer un mot de piété : ce ne sont que des niaiseries, des parties de chasse ou autre chose de ce genre dont il parle, ou il dit des farces et des bouffonneries avec esprit, mais avec une malice épouvantable. Nous avons la récréation du soir, qui est réglée et pendant laquelle il n'est pas possible de divaguer ; mais il cherche à ricaner ou à farcer sur les choses pieuses qu'on dit, ou il se promène dans un morne silence et en faisant toutes sortes de bêtises, comme de marcher en cadence ou en dansant. »

Libermann est désemparé. « Sa malice et sa méchanceté est si grande, poursuit-il, que je n'ai jamais rien vu de semblable. Et je ne sais que faire, car je ne puis rien sur lui, il a une haine mortelle et un souverain mépris contre moi. » Ce qui est plus grave, c'est que son comportement « déteint » sur un de leurs compagnons. « M. de Brandt a une amitié particulière pour le pauvre M. Dupeloux et c'est là encore un grand malheur, et Dieu sait s'il s'en tirera, car l'autre fait tout ce qu'il peut pour s'éloigner de lui, mais cela ne réussit pas toujours. Et moi, je suis le spectateur impuissant de cet affreux spectacle, sans pouvoir y apporter le moindre remède. L'état de M. Brandt est purement diabolique. J'avais quelques espérances d'abord, mais depuis quelque temps cela dégénère et devient continuel ; d'abord cela n'arrivait que par moments, au moins y avait-il de petits intervalles de repos, mais maintenant plus d'intervalles, mais malice continuelle. Je crois que ses nerfs commencent à être irrités et le physique s'en mêle aussi, de manière que je ne vois plus de fin à ses maux. »

Ainsi, Libermann se heurte non seulement à la froideur de son supérieur hiérarchique, mais aussi, autour de lui, à une révolte satanique qu'il est incapable de juguler. Pour comble de malheur, il se demande s'il n'est pas responsable de cette situation, s'il n'a pas « contaminé » ses camarades. En s'efforçant de servir d'exemple, il a manifesté sa volonté, au lieu de se soumettre docilement à celle de Dieu. Incapable de se débarrasser de son sentiment de culpabilité, il considère sa situation comme un châtiment divin amplement mérité. Il accepte celui-ci et ne demande à Dieu que la grâce de pouvoir guérir ses malheureux compagnons. Il se sent vil et misérable devant le Seigneur, mais a confiance dans la bonté de la Providence. Il fait appel à la miséricorde divine, semblable au mendiant « qui compte avec certitude, non sur ses mérites et sur ses droits, mais sur la très pure bonté, le très adorable bon plaisir et la volonté certaine de celui qui a en sa possession toutes les richesses et les trésors de la très sainte éternité. »

Cette grave crise (qui, toutefois, trouva un heureux dénouement : abandonnant leur mystérieux comportement, MM. Brandt et Dupeloux redevinrent ce qu'ils avaient toujours été, des séminaristes dignes de leur vocation) ne fit qu'intensifier la ferveur religieuse de Libermann, en lui faisant comprendre, une fois de plus, que tout ce qui procède de notre seule volonté est suspecte, et que la voie du salut passe par le détachement de notre moi profond et, ce qui est la même chose, par la totale soumission à la volonté de Dieu. Dans une lettre adressée à Tisserant, l'un de ses plus chers disciples, il développe ses idées sur la parfaite humilité :

« Si vous voulez pratiquer cette vertu, ne vous contentez pas de crier à l'humilité depuis le matin jusqu'au soir. Notre-Seigneur Jésus a dit qu'il ne regardait pas comme siens tous ceux qui crient : *Domine, domine* ; il en est de même de l'humilité. J'ai vu de très grands abus en cela ; tout le monde se fait un mérite de parler continuellement de l'humilité, et presque personne n'a cette vertu. A peine peut-on ouvrir la bouche sur quoi que ce soit, qu'on vous répond de suite : « Oh ! il n'y a rien de tel que l'humilité ! Mon cher, ce n'est pas le vrai moyen de l'acquérir que d'en avoir toujours le nom sur les lèvres. J'ai eu l'occasion d'observer souvent que ce mot n'a presque pas de sens dans la bouche de la plupart des séminaristes. C'est ce qui m'a empêché de le nommer souvent dans nos chères conversations, parce que le mot est devenu abusif, personne n'en comprend presque le véritable sens.

« Parmi ceux qui semblent le comprendre, il en est beaucoup qui veulent l'acquérir par leur propre force, par leur activité naturelle, par les grands mouvements, les peines et les inquiétudes qu'ils se donnent. Fameuse humilité ! Prenez donc bien garde à vous là-dessus, mon cher, ne mettez pas vos vertus dans la bouche et sur la langue, ni dans l'imagination ni dans votre travail et votre activité, ni même dans la recherche de votre esprit qui s'inquiète, s'empresse et se tourmente pour connaître ce qu'il faut faire, pour savoir si vous êtes humble, et jusqu'à quel point vous l'êtes.

« La véritable humilité ne consiste pas là-dedans, pas plus que dans l'extérieur de nos actions, et dans le soin que nous aurons d'embrasser à l'extérieur ce qui est humble, et de paraître aux yeux des autres dans une posture et une action basse et humiliée, bien que cela puisse être et soit souvent un effet de l'humilité véritable, qui est une connaissance et une conviction intime et intérieure, par laquelle on reconnaît paisiblement, doucement et amoureusement devant Dieu son néant, sa misère, sa pauvreté, son incapacité, sa nullité et l'horreur du péché dont on est plein.

« Cette connaissance pleine d'amour et d'acquiescement devant Dieu fait qu'on se tient amoureusement, paisiblement et doucement devant lui, dans toute la profondeur de sa bassesse, de manière à se voir toujours bas, vil, abject et méprisable jusqu'à l'excès au dedans de soi-même, et devant Dieu, et on est en même temps ravi de joie de voir qu'il renferme seul en lui toute beauté, toute grandeur et toutes les perfections possibles. On voit avec un œil paisible et amoureux cet abîme, non seulement dans l'ensemble de nos misères, mais dans leur détail, et, loin de s'inquiéter et de se troubler à une misère particulière qui nous apparaît en nous, on se tient devant le grand Maître dans un esprit d'humiliation et de bassesse amoureuse.

« Par suite de cette humilité, si elle est parfaite, nous sommes enchantés d'être connus et traités comme tels par toutes les créatures. Ce dernier degré est très parfait. Lorsqu'on a cet amour de son abjection, on fait à l'extérieur des choses qui nous rendent abjects aux yeux des hommes. De là, l'extérieur d'humilité si extraordinaire des saints, de saint Vincent de Paul, de M. Olier, etc. ; mais tous ceux qui font à l'extérieur des actions abjectes ne sont pas toujours les plus humbles. Il en est qui agissent ainsi, soit pour se contenter eux-mêmes et se persuader qu'ils sont humbles, soit pour le faire croire aux autres ; ce en quoi ils se font illusion. Ce dernier sentiment est souvent presque imperceptible. Quelquefois cela se fait par un effet d'imagination. Dans le fond, tout ce monde serait fort en peine si on les mésestimait véritablement, si on les traitait mal, surtout sur un autre point qui n'est pas celui sous lequel ils veulent paraître abjects : par exemple, on ferait une action qui manifeste peu d'esprit, et c'est de l'humilité qu'on fait ; eh bien ! on serait fâché si quelqu'un vous regardait véritablement comme n'ayant pas d'esprit ; au moins on serait fort en peine, si on nous croyait, par exemple, d'une piété commune, d'une piété mal entendue.

« Ainsi, vous voyez qu'on est avec toute cette belle apparence sans véritable humilité, qui doit être fondée sur la ruine entière de notre vieille créature, et sur une union parfaite avec Dieu, en qui seul nous pouvons la puiser. »[*]

Sa correspondance avec ses ex-compagnons contient de nombreuses exhortations de ce type. En rédigeant ses missives, Libermann oublie sa situation et ses combats intérieurs et suit entièrement son inspiration, laquelle, malgré son apparente impersonnalité, exprime ses motivations les plus personnelles. Chaque fois qu'il prend la plume, il se métamorphose en un éducateur autorisé, habité par le Saint-Esprit. Le point essentiel de son enseignement est le détachement, la rupture complète, l'indifférence envers soi, qui nous empêche d'attribuer trop d'importance à nos défauts. « Pourquoi vous mettre en peine et vous troubler ? demande-t-il à un de ses correspondants. Parce que vous avez de la difficulté à vaincre vos défauts ? C'est pur orgueil ! Dieu ne demande pas précisément que vous les vainquiez, mais il veut que vous ayez le désir de les vaincre, et que vous travailliez pour vous rendre agréable devant lui. Travaillez-y doucement et paisiblement

---

[*] Dans un manuscrit de 26 pages, intitulé « De la sainte vertu de l'humilité » Libermann expose en détails sa conception de l'humilité qu'il définit en ces termes : « La connaissance de notre abjection n'est autre chose que la connaissance de ce que nous sommes en nous-mêmes dans toute la réalité. Le premier pas de l'humilité est la connaissance de soi-même. » Il distingue entre vraie et fausse humilité, cette dernière étant le fruit de l'ambition, de la vanité et de l'outrecuidance.

dans cette vue et tenez-vous tranquille, mettant ainsi toute votre confiance en lui seul, vous souffrirez avec patience et tranquillité les défauts qu'il plaira à Dieu de vous laisser encore pour le moment. Si vous vous troublez et vous impatientez, cela vient de ce que vous voulez en être débarrassé pour d'autres raisons qui sont mauvaises, par exemple pour être estimable et plus estimé, etc. Mais tant que vous vous impatienterez ainsi, vous ne les vaincrez pas. »

Le détachement envers soi-même constitue le but suprême de l'homme qui aspire à la sainteté. S'il y réussit, ses autres problèmes trouveront également leur solution. « Il nous faut être libre comme l'oiseau sur la branche, écrit-il à un de ses disciples. Mais notre branche à nous, c'est la croix. »

Il est, en matière de psychologie, d'une admirable perspicacité, connaît les faiblesses de chacun de ses compagnons, les tentations auxquelles ils sont exposés, et s'adresse à chacun sur le ton le plus approprié, avec tact, mais aussi avec une certaine sévérité. A ceux qui semblent trop attachés aux systèmes et aux formulations percutantes, il ne cesse de rappeler que Dieu n'est pas dans les livres, qu'il faut le découvrir au fond de son âme. « Vous devriez faire attention, mon très cher, écrit il à l'un d'eux, à ne vous jamais vous laisser aller à cette manie de retenir les textes et les belles pensées afin de les reproduire à l'occasion. Faites attention à cela : ne rassasiez jamais votre esprit de connaissances créées, cela le rendrait paresseux pour s'appliquer aux lumières de la grâce, lesquelles sont incomparablement plus grandes. » A un autre de ses correspondants, qu'il trouve beaucoup trop impatient, il adresse l'admonestation suivante : « Tâchez de donner le moins possible à votre esprit, surtout, simplifiez le plus que vous pourrez son action dans votre oraison et votre recueillement. S'il se taisait tout à fait, cela n'en vaudrait que mieux... Toutes les fautes dont vous me parlez viennent de ce défaut, qui est radical chez vous. Votre esprit se mêle de tout, examine tout, tourne et retourne les choses à sa façon et ne veut rien laisser passer sans y avoir sa part. Il veut toujours être occupé, il ne peut jamais se tenir en repos, pour laisser agir Dieu dans votre âme. Tout votre soin doit être de l'amortir, d'arrêter et de calmer son action, en un mot, de le tenir lié et en repos devant Dieu pour laisser opérer en vous l'Esprit divin selon son bon plaisir, sans vouloir prévenir son action, n'y ajouter n'y mêler de votre propre esprit, ce qui gâterait tout ce que Dieu veut faire et l'empêcherait d'agir... De cette défectuosité de votre esprit vient cette ardeur dans le désir de savoir, qui est un très grand obstacle à votre avancement. Jamais vous ne serez un homme véritablement intérieur, jamais vous n'aurez les lumières de Dieu, si vous persévérez dans ce désir... Lorsque vous êtes obligé d'étudier, ne permettez pas à votre esprit qu'il s'y délecte. Retenez-le intérieurement dans la sobriété et la réserve. »

Il développe cette même idée, mais avec encore plus de force, dans une autre missive :

« Très cher, si vous voulez devenir un vrai prêtre, il faut qu'en vous voyant, on dise : « Voilà un saint, un modèle à imiter. » Mais ce serait une très mauvaise marque, si la première idée qu'on se formait en vous voyant, était une idée de science : « Voilà un homme savant. » Notre-Seigneur n'aurait que faire de vous dans ce cas ; il se trouve assez de gens dans le monde qui ne demandent pas mieux que de l'honorer par leur science, parce qu'ils en seront honorés les premiers. La grande science est celle que Dieu donne à ses saints ; c'est celle-là qui sanctifie vraiment les âmes ; les savants ne savent que prononcer des sentences et donner leur avis. Les saints sont envoyés par Notre-Seigneur pour faire des saints, et les savants ne savent que former des savants comme eux, ils ne communiquent point de sentiments pieux ; ils dissertent merveilleusement sur les vertus ; on les admire, on prend note de leur doctrine, mais on n'en fait ni plus ni moins pour cela. Les pharisiens et les scribes étaient des savants, mais leur science ne venait pas de Dieu ; aussi, avec toute cette science étaient-ils, même en matière de religion, des aveugles qui conduisaient des aveugles, et des sépulcres blanchis qui n'avaient qu'une belle apparence au dehors. »

Et il conclut :

« Ayez, mon cher, comme règle unique, que tout sentiment, toute pensée, toute inspiration, qui ne se présente pas dans la paix, la suavité et la douceur, doit absolument être rejeté comme quelque chose de très mauvais. Ne vous tourmentez pas de ne pas assez vous confier et abandonner à Dieu, mais tâcher de vous tenir dans la paix et la douceur, afin de parvenir à vous abandonner complètement entre ses mains. Plus vous vous tourmentez, moins vous parviendrez à cet abandon ; tandis qu'au contraire, le vrai moyen d'y parvenir, c'est de vous tenir en paix et en douceur devant Dieu. »

Il enseigne à ses correspondants la manière de bien prier :

« Les actions, même bonnes, pieuses et faites pour Dieu, sont très imparfaites et de très petit mérite ; nous sommes toujours en action propre, et, par là, fort en opposition avec le mouvement de l'Esprit-Saint. Voilà pourquoi c'est une très grande grâce que le bon Dieu vous a faite, que celle de vous inspirer le désir de cette oraison continuelle, et de vous y appliquer sérieusement. Mais faites attention à ne pas la faire consister seulement dans un travail et un simple exercice de votre esprit. Pour que cet état d'oraison soit véritable, il est nécessaire que celle-ci se fasse par affection de cœur, ou par élévation d'esprit, ou encore par un repos de l'âme en Dieu, par la récollection de nos facultés auprès de lui, ou par une simple vue de Dieu présent, devant lequel nous faisons toutes nos actions pour lui plaire. Mais il ne faut pas que nous fassions oraison par la pensée de notre esprit, en tâchant de nous raccrocher, par-ci par-là, à quelques pensées ayant rapport à Dieu ; cela ne serait précisément pas mauvais, mais ce serait bien médiocre et de peu de fruit. Il ne faut pas non plus que ce soit un jeu de notre esprit, cherchant à s'occuper et à jouir à sa façon, et à s'amuser des pensées qui lui paraissent belles et frappantes, les tournant et retournant, soit pour les approfondir, soit simplement pour s'en occuper. »

Aux distraits, dont l'esprit vagabonde pendant la prière, il donne ce conseil affectueux :

« Comme votre esprit divague facilement, présentez de temps à autre quelque bonne pensée, quelque passage de l'Ecriture sainte, vous lui livrerez cette bonne pensée pour qu'il s'y amuse, mais ce ne sera pas là votre oraison ; pendant que l'homme sensible s'amusera avec cette pensée, vous vous tiendrez toujours dans votre intérieur uni à Dieu à votre façon ordinaire. Il en est de cela comme de quelqu'un qui serait à table, son petit chien aboie contre lui, parce qu'il veut aussi avoir quelque chose, il le tourmente sans relâche et le tire par les habits. Que fait alors le maître ? il lui jette un morceau, et puis mange quelque temps en repos. Faites-en de même avec votre esprit : jetez-lui de temps en temps un morceau pour le contenter et demeurez toujours renfermé en toute paix et tranquillité dans votre intérieur. Votre oraison ne consistera pas dans cette bonne pensée que vous abandonnez à votre esprit, mais dans ce repos intérieur de votre âme devant Dieu. Je sais bien que ce moyen ne vous servira pas toujours, mais du reste, ne vous inquiétez jamais ; allez toujours votre petit train et ne cherchez que Dieu seul en toute chose. »

Dans ces lettres, nulle trace de subjectivité : quand il prie et quand il cherche à instruire ses correspondants, il subit une véritable transsubstantiation. Cependant, quelques rares confidences témoignent de son découragement, voire de son désespoir. En quittant Dieu pour redescendre en lui-même, il se sent inutile, impuissant, à la place où il se trouve, à mettre toutes ses capacités au service de la volonté divine. En même temps, il se demande s'il doit tolérer en lui cette inquiétude, si contraire à sa profonde conviction selon laquelle il doit attendre patiemment que Dieu manifeste ses intentions. N'est-il pas, une fois de plus, comme dans le cas de Brandt, victime de son orgueil ? « Une des grandes fautes que j'ai commises par le passé, écrit-il, c'est d'être sorti de ma servitude et d'avoir agi trop en maître. » Par ailleurs, son désir de s'évader de sa condition présente s'exaspère de plus en plus et devient une irrésistible contrainte. Est-ce la voix d'une puissance surnaturelle qu'il entend ?

Une seule fois, il se permit de faire, en termes voilés, une allusion aux pensées qui le tourmentaient pendant la dernière période de son séjour à Rennes. Dans une lettre adressée à un séminariste, il écrit :

« Priez pour moi, le démon me crible en ce moment, pour me contraindre de cesser une chose qui le fait enrager, et qui cependant me paraît tourner contre moi, et dont je suis peut-être grandement coupable devant Dieu. C'est une énigme pour vous, mais je ne puis vous en dire davantage. Qu'il vous suffise de savoir que je crois être dans un très grand danger ; j'en éprouve quelquefois une si grande peine que vous ne pouvez vous en faire une idée. Il faut cependant agir, le Maître le voit, et il en est grandement glorifié. Le démon crève de rage et me fait endurer des supplices inouïs ; mais notre bon Seigneur me donne une force très grande et je ne suis pas ébranlé, malgré la rage de l'ennemi. Priez pour moi, afin que le très saint nom de Dieu soit béni, loué et glorifié. Gardez le plus grand secret sur ce que je vous dis là ; priez et voilà tout. »

Ces quelques lignes reflètent son désarroi : il ne se sent pas à sa place, à Rennes, il n'est utile à personne, spirituellement parlant, il perd son temps, il est condamné à l'impuissance. « J'aurais bien de la peine à vous expliquer cela, dit-il, après sa fuite, à M. Carbon, directeur de Saint-Sulpice, mais je puis vous assurer que la chose était ainsi. Je parlais, j'instruisais, je tâchais d'inspirer la ferveur et mes paroles étaient mortes, sans aucune bénédiction de Dieu et sans aucun effet d'avancement spirituel ; ce qui m'avait jeté la première année dans une espèce de stupeur et de consternation, parce que je venais du Séminaire de Paris où le bon Dieu avait béni tout ce que je faisais. M. Louis m'a causé aussi beaucoup de peine. Voilà l'état où j'étais quand je suis venu passer ces vacances à Paris, dans l'espérance d'y trouver quelque consolation et quelque bon conseil. J'y ai trouvé des consolations, mais pas de conseil. Je m'en retournai donc à Rennes, un peu consolé dans la pensée qu'au moins le bon Dieu est servi et glorifié par d'autres, mais profondément affligé de ne pouvoir rien faire moi-même, et résolu de rentrer dans mon tombeau sans plus jamais en sortir si telle était la sainte volonté de Dieu. Je commençais à croire que Notre-Seigneur voulait m'y tenir pour me préparer à la mort et je me disposais à ne plus lutter contre l'opposition que j'éprouvais à mes désirs, de laisser aller toutes les affaires un peu plus à l'abandon entre les mains de Dieu, de me contenter de me préparer sérieusement à la mort. Mais je ne pus résister au désir ardent qui me poursuivait sans cesse de faire quelque chose pour la gloire de Notre-Seigneur et de Sainte Mère, à la peine violente de le voir réduit à une si grande misère et inutilité complète et à la crainte de perdre le peu de jours qui me reste à vivre sans rien faire. »

Mais que voulait-il exactement, à quoi voulait-il se consacrer ? Il l'apprit par ses deux ex-condisciples d'Issy : Le Vavasseur et Tisserant. Tous les deux étaient originaires des colonies, le premier de l'île Bourbon, le second d'Haïti. Le père de Le Vavasseur était un richissime planteur, un de ces colons aussi autoritaires que tenaces. La seule qualité qu'il avait transmise à son fils était la persévérance : celui-ci avait, dès son âge le plus tendre, décidé de devenir prêtre. Son père fit tout pour le faire changer d'avis, et, comme, à cette époque, et surtout dans les colonies, il était inconcevable qu'un enfant s'opposât à la volonté de son père, Frédéric abandonna son projet. Suivant l'exemple des autres planteurs, son père l'envoya alors à Paris pour y faire des études de médecine ou de droit. Mais Frédéric était attiré par les mathématiques. « Dans ce cas, fais-toi admettre à Polytechnique. Tout sauf le sacerdoce »

En mai 1829, à dix-huit ans, Frédéric Le Vavasseur s'embarqua pour la France. Admis à Polytechnique, il fréquenta les cours avec assiduité, sans pour autant négliger sa vie spirituelle. Catholique pratiquant, il s'inscrivit, dès l'année suivante, à la Faculté de médecine, puis reprit ses études d'ingénieur, mais, malgré sa bonne volonté et son amour des mathématiques, il était incapable de persévérer, de se concentrer, oubliait tout ce qu'il apprenait. Pendant quelque temps, il lutta désespérément contre son « abêtissement », mais ses vains efforts l'ayant rendu malade, il se résigna pour se consacrer entièrement à la vie spirituelle. Se sentant lié par la promesse qu'il avait faite à son père, il ne songeait pas encore à la prêtrise : son père, ayant subi d'importantes pertes matérielles à la suite de la révolution de 1830, mettait tous ses espoirs dans son fils et Frédéric envisageait sérieusement de rentrer dans son île natale pour y diriger la plantation. C'est alors que lui parvint une bonne nouvelle : sa sœur cadette venait d'épouser un de ses amis d'enfance, un homme fortuné qui acceptait de s'associer à l'entreprise familiale. Cet événement, que Le Vavasseur attribua à l'intervention de la Providence divine, l'amena à faire part à ses parents de sa décision irrévocable de devenir prêtre. A cette époque, il fallait attendre plusieurs mois pour qu'une lettre parvînt de la métropole aux colonies. Mais la mère de Le Vavasseur apprit la nouvelle plus tôt : une nuit, dans un rêve, elle se vit assise au milieu de ses esclaves, dans la distillerie de la plantation. Sur le seuil de la porte, une dame d'apparence fort distinguée lui remettait une enveloppe liserée de noir. « Mon fils est mort ! » s'écriait-elle « Non, répondit la dame, il vit, mais il est mort pour le monde. » Quelques semaines plus tard, la lettre de son fils arriva.

Cédant aux insistances de la mère et de ses filles, le père finit par approuver le projet de son fils mais voulut le revoir une dernière fois. Celui-ci, déjà en soutane, et pénétré de sa vocation, fit une brève apparition sur l'île, avant de retourner en France pour se faire admettre au séminaire de Saint-Sulpice. Les nouveaux élèves y étaient accueillis par des « anciens », chargés de les guider et de les conseiller. Ce fut ainsi que Libermann devint « l'ange gardien » de Le Vavasseur.

Tisserant, quant à lui, était âgé de quelques mois seulement lorsque, en compagnie de son grand-père, il quitta Haïti en 1799 pour fuir la guerre civile qui venait d'éclater entre les planteurs et les indigènes récemment affranchis. Après une traversée riche en péripéties tragiques – naufrages, piratages – il gagna la France où, après ses études secondaires, il réussit à se faire admettre au séminaire de Saint-Sulpice.

Absorbés par leurs dévotions, les deux ecclésiastiques rêvaient d'œuvrer au salut des malheureux Noirs des îles, condamnés, malgré leur bonté, à aller en enfer, faute d'avoir reçu le sacrement du baptême, alors qu'ils méritaient, bien plus que leurs maîtres chrétiens, cruels et cupides, de gagner le Paradis. N'étaient-ils pas comparables à l'enfant qui n'accédant pas encore à la parole ne sait que babiller ? Aussi absurdes que pouvaient être leurs cérémonies, le culte qu'ils vouaient à leurs idoles et leur recueillement n'étaient-ils pas admirables ? Seulement, « ils se trompaient d'adresse », c'est-à-dire de dieux. Le Vavasseur et Tisserant souhaitaient ardemment retourner dans leurs îles et y prêcher la vérité du Christ, non pas, comme l'avaient fait les premiers missionnaires, ceux de l'époque de Cortez ou de Pizarro, sous la protection des conquérants, mais seuls, sans aucun appui, en se mêlant à la population, en partageant leurs soucis, en leur montrant l'exemple, afin de leur révéler petit à petit la seule vérité, celle du Christ.

De telles aspirations ne pouvaient manquer d'émouvoir Libermann. Il pensait, comme eux, que servir le Christ, c'était s'humilier à l'extrême, se rendre auprès des parias, partager leur sort et leur révéler que c'était pour eux aussi que le Christ était mort sur la croix. Le fait que Libermann ait chaleureusement approuvé le projet des deux séminaristes n'a rien de surprenant. Mais comment expliquer son départ brusque de Rennes ? Pourquoi a-t-il adhéré à ce projet au point d'en faire le but de sa vie ? Le lien entre le désarroi qui était le sien à Rennes et le fait qu'il ait adopté le projet de ses compagnons peut - et doit - paraître arbitraire, car il n'admet aucune explication rationnelle. Une fois de plus, nous devons supposer une intervention surnaturelle. Certaines décisions sont incompréhensibles sur le moment, car leurs causes déterminantes nous sont inconnues. Mais, vues dans le contexte d'une vie achevée, elles s'y intègrent parfaitement. Ce qui, avant la fin d'une vie, ne peut être attribué qu'au hasard – en l'occurrence, la rencontre de trois âmes en quête – paraîtra, vu de l' « autre rive », prédéterminé. Il fallait que la volonté de nos séminaristes s'accomplît, et, pour cela, il était nécessaire que leur rencontre eût lieu au moment opportun.

Mais il fallait aussi une autre intervention, celle, encore plus mystérieuse, du surnaturel. On a vu que Libermann, qui avait renoncé à toute velléité personnelle, s'était entièrement soumis à la volonté de Dieu dont il n'était plus qu'un instrument docile. Autant dire qu'il n'était pas question, pour lui, de quitter Rennes de son propre chef, les épreuves qu'il avait à y subir constituant, à ses yeux, un don du ciel qu'il accueillait avec joie. Son brusque départ de Rennes, au mépris de tous ses principes, fut l'œuvre d'une puissance surnaturelle, dont l'injonction, loin d'être symbolique, s'incarna dans une voix réelle, sonore et impérieuse. Il ne s'agit en rien d'un cas isolé : parmi les nombreux exemples qu'il nous a été donné de connaître, citons ici celui de M. Desgenettes, le saint curé de l'église parisienne de Notre Dame des Victoires, lequel a relaté l'événement en ces termes :

« Le 3 décembre 1836, fête de Saint François Xavier, à neuf heures du matin, je commençais la sainte messe au pied de l'autel de la Sainte Vierge, que nous avons depuis consacré à son très saint et immaculé Cœur et qui est aujourd'hui l'autel de l'Archiconfrérie ; j'en étais au premier verset du psaume Judica me, quand une pensée vint saisir mon esprit. C'était la pensée de l'inutilité de mon ministère dans cette paroisse ; elle ne m'était pas étrangère ; je n'avais que trop d'occasions de la concevoir et de me la rappeler. Mais dans cette circonstance elle me frappa plus vivement qu'à l'ordinaire. Comme ce n'était ni le lieu ni le temps de m'en occuper, je fis tous les efforts possibles pour l'éloigner de mon esprit. Je ne pus y parvenir, il me semblait entendre continuellement une voix qui venait de mon intérieur et qui me répétait : Tu ne fais rien, ton ministère est nul ; vois, depuis plus de quatre ans que tu es ici, qu'as-tu gagné ? Tout est perdu, ce peuple n'a plus de foi. Tu devrais par prudence te retirer. Et malgré tous mes efforts pour repousser cette malheureuse pensée, elle s'opiniâtra tellement qu'elle absorba toutes les facultés de mon esprit, au point que je lisais, je récitais les prières sans plus comprendre ce que je disais : la violence que je m'étais faite m'avait fatigué, et j'éprouvais une transpiration des plus abondantes. Je fus dans cet état jusqu'au commencement du canon de la messe. Après avoir récité le Sanctus, je m'arrêtai un instant, je cherchai à rappeler mes idées ; effrayé de l'état de mon esprit, je me dis : Mon Dieu, dans quel état suis-je ? comment vais-je offrir le divin Sacrifice ? je n'ai pas assez de liberté d'esprit pour consacrer. Ô, mon Dieu, délivrez-moi de cette malheureuse distraction ! A peine eus-je achevé mes paroles, que j'entendis très distinctement ces mots prononcés d'une manière solennelle : Consacre la paroisse au très saint et immaculé Cœur de Marie. A peine eus-je entendu ces paroles qui ne frappèrent point mes oreilles, mais retentirent seulement au-dedans de moi, que je recouvrai immédiatement le calme et la liberté de l'esprit. La fatale impression qui m'avait si violemment agité s'effaça aussitôt ; il ne m'en resta aucune trace. Je continuai la célébration des saints mystères sans aucun souvenir de ma précédente distraction. Après mon action de grâces, j'examinai la manière dont j'avais offert le saint Sacrifice ; alors seulement je me rappelai que j'avais eu une distraction, mais ce n'était qu'un souvenir confus, et je fus obligé de rechercher pendant quelques instants quel en avait été l'objet. Je me rassurai en me disant : je n'étais pas libre. Je me demandai comment cette distraction avait cessé et le souvenir de ces paroles que j'avais entendues se présenta à mon esprit. Cette pensée me frappa d'une soudaine terreur. Je cherchais à nier la possibilité de ce fait, mais ma mémoire confondait les raisonnements que je m'objectais. Je bataillai avec moi-même pendant dix minutes. Je me disais à moi-même : Quelle fatale pensée ! Si je m'y arrêtais, je m'exposerais à un grand malheur ; elle affecterait mon moral, je pourrais devenir visionnaire. Fatigué de ce nouveau combat, je pris mon parti et je me dis : Je ne puis m'arrêter à cette pensée, elle aurait de trop fâcheuses conséquences ; d'ailleurs, c'est une illusion ; j'ai eu une longue distraction pendant la messe, voilà tout. L'essentiel pour moi est de n'y avoir pas péché. Je ne veux plus y penser. Et j'appuie mes mains sur le prie-Dieu sur lequel j'étais à genoux. Au moment même, et je n'étais pas encore relevé (j'étais seul dans la sacristie), j'entends prononcer bien distinctement ces paroles : Consacre la paroisse au très saint et immaculé Cœur de Marie. Je retombe à genoux et ma première impression fut un moment de stupéfaction. C'étaient les mêmes paroles, le même son, la même manière de les entendre. Il y a quelques instants, j'essayais de ne pas croire, je voulais au moins douter ; je ne le pouvais plus, j'avais entendu, je ne pouvais me le cacher à moi-même. Un sentiment de tristesse s'empara de moi ; les inquiétudes qui venaient de tourmenter mon esprit se présentèrent de nouveau. J'essayai vainement de chasser toutes ces idées, je me disais : C'est encore une illusion, fruit de l'ébranlement donné à ton cerveau par la première impression que tu as ressentie. Tu n'as pas entendu, tu n'as pas pu entendre. Et le sens intime me disait : Tu ne peux douter, tu as entendu deux fois. Je pris le parti de ne point m'occuper de ce qui venait de m'arriver, et tâcher de l'oublier. Mais ces paroles : Consacre ta paroisse au très saint et immaculé Cœur de Marie, se présentaient sans cesse à mon esprit. Pour me délivrer de l'impression qui me fatiguait, je cède, de guerre lasse, et je me dis : C'est toujours un acte de dévotion à la Sainte Vierge qui peut avoir un bon effet ; essayons. Mon consentement n'était pas libre, il était exigé par la fatigue de mon esprit. Je rentrai dans mon appartement ; pour me délivrer de cette pensée, je me mis à composer les statuts de notre association. A peine eus-je mis la main à la plume que le sujet s'éclaircit à mes yeux, et les statuts ne tardèrent pas à être rédigés. Voilà la vérité, et nous ne l'avons pas dite dans les premières éditions de ce Manuel, nous l'avons même cachée au vénérable directeur de notre conscience, nous en avons fait jusqu'à ce jour un secret même aux amis les plus intimes, nous n'osions pas le dévoiler, et aujourd'hui que la divine miséricorde a signalé si authentiquement son œuvre par l'établissement, la prodigieuse propagation de l'Archiconfrérie et surtout par les fruits admirables qu'elle produit, ma conscience m'oblige à révéler ce fait. Il est glorieux, disait l'archange Raphaël à Tobie, il est glorieux de révéler les œuvres de Dieu, afin que tous reconnaissent qu'à lui seul appartiennent la louange, l'honneur et la gloire.

« Ainsi, la sagesse de Dieu a agi en cette circonstance, comme elle agit quand, dans ses grandes œuvres, elle veut employer le concours des causes secondes : elle choisit ce qu'il y a de plus faible, de plus méprisable, afin, dit le saint Apôtre, que personne ne se glorifie et que tous se reconnaissent, par l'insuffisance, l'incapacité de l'instrument mis en action, la puissance infinie, la souveraine sagesse du suprême Ouvrier. Ainsi nous ne sommes point fondateur, mais seulement instrument et serviteur. Plaise à la divine beauté que nous ne soyons infidèle ! »

Animés du désir de propager le christianisme parmi les « sauvages », plusieurs sulpiciens – Luquet, Bureau, Bonalgues, Papillon, Oudin et, surtout De la Brunière, qui disposait d'excellentes relations – se joignirent à Le Vavasseur et à Tisserant. A l'automne 1837, De la Brunière se rendit à Rennes et resta pendant deux mois près de Libermann. Il vit l'état affligeant où celui-ci se trouvait, les difficultés insurmontables qu'on lui opposait, l'insubordination, le défaut d'esprit de communauté qui régnait à Rennes. Pour entreprendre leur œuvre de missionnaires, les « conjurés » pensèrent d'abord élire Le Vavasseur pour leur chef, bien qu'il ne fût que minoré, alors que De la Brunière, homme intelligent, influent, doué d'esprit pratique et déjà sous-diacre, aurait été bien plus apte à assumer ce rôle. Lequel d'entre eux eut l'idée de se rendre à Rome, en délégation auprès du Pape ? Nous l'ignorons. Toujours est-il que Libermann ne fit rien avant d'avoir reçu un ordre intérieur. Celui-ci lui fut communiqué le jour de la fête de saint François Xavier, c'est-à-dire le jour même où le curé de Notre-Dame des Victoires entendit la voix du Seigneur. Pour éviter toute explication de vive voix, Libermann adressa une lettre à M. Louis, son supérieur. Il y dépeignit la peine extrême que lui causait sa décision irrévocable et le supplia de ne pas chercher à le retenir « puisque cela ne servirait qu'à achever de rompre un roseau à demi brisé, sans rien changer au parti que Dieu lui ordonnait de prendre ».

Il savait que sa décision était d'une extrême témérité. Car sur qui pouvait-il compter ? Qui était-il pour oser se présenter devant les grands de ce monde et chercher à les gagner pour une entreprise dont la réalisation, dans le meilleur des cas, serait confiée à des personnes plus autorisées que lui ? Que pouvait-il entreprendre, lui, pauvre comme Job et sans relations ? Qui le prendrait au sérieux, alors que n'étant même pas ordonné prêtre, il n'avait aucune qualification pour formuler la moindre proposition touchant l'Eglise ? Seul, sans un sou, avec, pour tout bien, son bâton de pèlerin, il se trouvait dans une situation exaltante mais aussi ridicule, voire pitoyable.

Oui, Libermann était le premier à se rendre compte de l'abîme entre la grandeur de son entreprise et sa propre condition misérable. S'il comptait sur l'aide de La Brunière il dut vite déchanter : ce dernier, qu'il devait retrouver à Lyon, faisait le mort. Aurait-il changé d'avis ? Non, mais il traînait les pieds. Incapable d'accomplir la moindre démarche, Libermann décida alors de s'adresser à Madame Rémond, une personne pieuse avec laquelle il entretenait une correspondance sur des questions touchant la spiritualité. C'est avec une force dramatique que cette dernière rendit compte de leur rencontre :

« Je n'ai jamais vu jusqu'à ce moment M. Libermann, écrit-elle. Après sa dernière lettre de Rennes, je croyais qu'il était malade et qu'il était retourné dans sa famille, quand un jour, c'était, je crois, en janvier 1840, on me dit qu'un jeune ecclésiastique me demandait. Comme il y avait dans ce moment-là un jeune homme qui avait quitté le séminaire, je crus que c'était lui. Je ne le fis pas entrer, je fus à la porte lui parler ; je vis un jeune homme en soutane propre, la tête découverte et baissée, balbutiant quelques mots inintelligibles ; il me parut si humble, si recueilli, si doux, si malheureux, que je me sentis tout émue ; je lui dis en le faisant entrer : « Que demandez-vous de moi, mon frère ? » Il me répondit d'une voix si faible et si basse que, n'entendant pas, je crus que c'était l'aumône. Je courus chercher quelque chose qu'il prit avec un geste de reconnaissance, mais toujours les yeux baissés.

« Je restai là quelques instants à le regarder avec étonnement ; il me semblait que ce pauvre Monsieur devait m'être proche parent, tant je me sentais émue de son malheur ; lui, il paraissait réfléchir. Après un instant, il leva les yeux et avec un air de grand intérêt, il me regarda ; et, comme un éclair de joie passa sur sa physionomie, il parut hésiter à parler. Puis l'émotion qui me dominait de plus en plus parut le gagner aussi un peu ; il baissa de nouveau la tête et soupira. Il se retira ensuite lentement et se retourna encore vers moi ; il paraissait faible et malade.

« Je n'eus même pas l'idée que ce pouvait être lui ; mais j'en eus la certitude quelques jours après, et aussi, celle, qui me fut bien pénible, qu'il avait l'intention de se faire connaître, car il avait dit quelque chose à la servante qui me le désignait clairement et qu'elle ne me dit que quelques jours après. Il crut que je ne voulais pas le recevoir, ou bien il changea d'avis en me voyant. »

Ce récit de Madame Rémond présente Libermann avec une précision hallucinante, tel qu'il était dans cette période décisive de sa vie. Son désarroi, sinon sa dépression, s'expliquent par des motifs à la fois intérieurs et extérieurs : la voix qu'il avait cru entendre ne lui avait fourni aucune indication quant à la marche à suivre. Or, Libermann, habitué à servir et à obéir, se retrouvait à devoir, cette fois, prendre des initiatives et engager des négociations peu compatibles avec son tempérament et sa situation sociale. Le voici à Lyon, démuni, malade, attendant impatiemment l'arrivée de De la Brunière. En quête de réconfort, il se rend auprès du supérieur des Jésuites et lui expose ses projets. Celui-ci écoute avec méfiance le discours passablement confus de son visiteur, (Libermann a perdu jusqu'à sa capacité de persuasion) puis lui déclare sans ambages que ses projets lui paraissent chimériques.

Sans doute voyait-il en Libermann une sorte d'illuminé. Comment ce dernier, d'un aspect physique plutôt inquiétant, dépourvu d'argent et de rang social, pouvait-il espérer obtenir la bénédiction, voire l'appui du Saint-Siège ? Sans même lui parler des insurmontables difficultés auxquelles il se heurterait, le Jésuite congédia Libermann, en interrompant brutalement son exposé. D'ailleurs, Libermann était parfaitement conscient de l'inanité de ses propos : chaque fois qu'il se sentait abandonné par Dieu, il jugeait lui-même son entreprise désespérée. Tout ce qu'il ressentait, c'était une vague incitation à l'action, en même temps qu'un vide désespérant de son âme. Paradoxe mystique : s'il n'avait écouté que ses propres sentiments, il aurait été en proie au découragement, mais la voix intérieure qu'il entendait lui ordonnait d'agir. D'où son comportement plus qu'embarrassé, aggravé par son aspect misérable.

Quant à De la Brunière, il tardait à venir. Et ce, pour plusieurs raisons. Au moment où, au séminaire de Saint-Sulpice, Le Vavasseur et Tisserant lui avaient révélé leur projet, le jeune homme rêvait encore de se rendre en Chine en qualité de missionnaire. Or, voici qu'on lui exposait un projet concret. Son but étant de propager sa foi chrétienne, il se joignit au petit groupe et fit part de sa décision à son évêque. Celui-ci refusa de lui donner son approbation. « Si nous consacrons tant de moyens et d'énergie à votre formation, ce n'est pas pour vous laisser vous éparpiller dans le monde. C'est dans notre pays que nous avons besoin de vous, lui dit-il.˙

˙ Opinion partagée par plusieurs prélats et directeurs de séminaires, contre laquelle Libermann s'élève dans une lettre datée du 15 décembre 1839 : « Il faut donc, écrit-il, que tous ceux qui sont fervents, généreux, de grand caractère, restent en France ; et ces pauvres âmes abandonnées, pour lesquelles Dieu inspire des sentiments si généreux, il faut les laisser courir en enfer par millions ! Il ne faut leur envoyer pour

Avec plusieurs semaines de retard, De la Brunière finit par retrouver Libermann à Marseille. Les deux amis descendent à l'auberge de la Croix de Malte, en attendant de s'embarquer pour l'Italie à bord d'un bateau qui ne circule que trois fois par mois. Ils débarquent à Civita Vecchia et gagnent Rome à pied où ils sont hébergés Via Magnapoli par M. Jourdan, un pieux Français.

A Rome, De la Brunière découvre, consterné, la confusion qui règne dans l'esprit de son compagnon. Il avait cru, à juste titre, que Libermann avait un plan, or, celui-ci lui avoue son désarroi. Gagné par son incertitude, découragé par les déceptions qui les attendaient à Rome, De la Brunière estime bientôt qu'il a eu tort de s'associer à Libermann. Après bien des combats intérieurs, il décide de rentrer en France, non par prudence, mais poussé par de mystérieuses impulsions. Il sentait qu'il lui fallait aller en Chine et non parmi les Noirs. On sait qu'il devait être frappé par un autre destin et mourir après avoir été surpris par une bande de Mongols, dans une baie isolée, près de sa barque. Il se laisserait assommer sans résistance. Ses agresseurs, après lui avoir crevé les yeux et arraché les dents, le laisseraient sur les rives de l'Oussouri où, quelques semaines plus tard, certains Tartares verraient son esprit errer parmi eux et caresser ses meurtriers. De la Brunière avait-il prévu cette fin ? Toujours est-il qu'en quittant son compagnon, au risque de se voir accuser de trahison, il obéit à une irrésistible contrainte intérieure.

Abandonné, Libermann n'avait à Rome qu'une seule connaissance : Drach, l'ancien rabbin, devenu bibliothécaire

---

les sauver que du rebut, que des âmes communes, que des imbéciles, que des gens qui ne peuvent pas faire grand-chose ! Non, il me semble que ce n'est pas selon Dieu. Les vues de Notre-Seigneur sont plus étendues. »

du Pape. La dernière fois qu'il l'avait vu, c'était après son retour de Londres. Drach s'y était rendu pour tenter de récupérer ses enfants que la famille de sa femme, des Juifs fanatiques, lui avaient enlevés. (Ses parents par alliance avaient lourdement compromis sa renommée : pour toucher la récompense offerte pour la capture de la duchesse de Berry*, son beau-frère, le fils du grand rabbin de Paris, avait révélé à Thiers le refuge où elle se cachait. Dans un communiqué publié par la presse, Drach avait désavoué la famille de son épouse, les Deutz, et rompu tout contact avec elle.) Pour se détacher entièrement de son milieu, il s'était établi à Rome où il avait fait une brillante carrière. Il reçut Libermann avec la même chaleur qu'autrefois et obtint pour lui et pour De la Brunière une audience après du Pape. Le Saint Père, qui ignorait tout des deux jeunes gens, fut vivement impressionné par l'attitude de Libermann. C'est ce qu'indiquent les notes prises par Drach lors de cette audience du 17 février 1840 (les deux jeunes gens étaient arrivés à Rome le 6 janvier de la même année) :

« Le Souverain Pontife (Grégoire XVI) posa les mains sur la tête de Libermann avec une visible émotion. Quand les jeunes gens eurent été congédiés, le Pape me demanda d'une voix émue : « Qui est celui dont j'ai touché la tête ? » - Je fis à Sa Sainteté, en peu de mots, l'histoire du néophyte. Le Pape dit alors ces paroles : Sarà un santo (il sera un saint). »

---

* Marie Caroline Ferdinande Louise de Bourbon (Palerme 1798- Brünnsee 1870). Princesse des Deux Siciles, elle vint en France pour épouser Charles Ferdinand d'Artois, duc de Berry. Après l'assassinat de son mari elle s'installa aux Tuileries. A la suite des Trois Glorieuses, elle suivit d'abord Charles X et la cour en exil, puis revint clandestinement en France, où elle tenta de relancer les guerres de Vendée. Ayant échoué, elle se réfugia à Nantes. Elle y fut trahi par Simon Deutz. Après quelques années de prison, elle se rendit en Autriche, où elle vécut le reste de ses jours.

Vêtu de loques, Libermann avait dû, pour l'audience papale, emprunter un costume à un compatriote.

Ses premières démarches ne furent guère encourageantes. Au début du mois de mars, il alla voir Monseigneur Cadolini, secrétaire général de la *Propaganda Fide* et lui remit son mémorandum. Il lui déclara qu'il ne demandait pas l'approbation de l'œuvre qu'il proposait au Saint-Siège, sachant bien que l'on n'a pas l'usage à Rome d'approuver des projets, surtout lorsque ceux qui en font la proposition ne sont pas promis au sacerdoce. En exposant le projet de ses partenaires, qui avaient l'intention de se destiner au service des Noirs, il supplia Son Excellence de dire son sentiment. Il insista sur le fait que parmi les congrégations existantes, dévouées aux missions étrangères, aucune ne correspondait à leurs fins. Lui et ses compagnons désiraient créer une congrégation spéciale pour y vivre selon leurs propres lois et pour se dévouer au salut des Noirs, spécialement à ceux de Bourbon et de Saint-Domingue, tout en se soumettant à l'autorité du Saint-Siège. Pour terminer, Libermann ajouta que si Son Excellence souhaitait qu'ils intègrent, malgré tout, une congrégation existante, ils s'y plieraient bien volontiers, persuadés de suivre la volonté de la Divine Providence.

Une semaine après la remise du mémorandum, Libermann demanda à être reçu par le dirigeant suprême de la *Propaganda Fide*. Il fut fraîchement accueilli : le prélat lui déclara que, tant qu'il n'était pas ordonné prêtre, Libermann ne pouvait entreprendre aucune négociation. Les ecclésiastiques de haut rang consultés par Monseigneur Cadolini étaient du même avis. Pour comble de malheur, le bruit courait que Libermann n'était venu à Rome que pour essayer de se faire ordonner.

Il se trouvait dans un cercle vicieux : ceux dont il sollicitait l'appui se méfiaient de lui, parce qu'il n'était pas prêtre, et allaient même jusqu'à supposer qu'il ne déployait autant de zèle que pour obtenir son ordination. De plus, De la Brunière venait de l'abandonner. Il aurait donc eu toutes les raisons de se laisser gagner par le découragement, mais il entretenait un rapport complexe avec cette mission : il ne pouvait personnellement participer au projet, n'étant pas ordonné prêtre et n'ayant aucun espoir d'y parvenir, à cause de sa maladie, qui, à Rome, se manifestait avec violence. Cependant, il ne s'ensuivait nullement à ses yeux qu'il eût dû se retirer complètement de l'entreprise. Tourmenté par ses crises, il s'adressait à la Vierge Marie et à son fils divin, et bien qu'il n'eût reçu d'eux aucun conseil précis, il quittait chaque fois leurs autels fermement convaincu de la nécessité de persévérer, que ses démarches dussent aboutir ou échouer. C'est dans cet esprit qu'il informe ses compagnons inquiets. Il leur apprend franchement qu'il n'a encore rien obtenu, mais ajoute aussitôt que ce n'est pas une raison pour qu'ils perdent tout espoir. « Les difficultés sont grandes, écrit-il, et deviendront peut-être pires dans la suite ; cependant, il peut se faire que non. Mais si on ne devait entreprendre dans l'Eglise que des choses faciles, que serait devenue l'Eglise ? Saint Pierre et Saint Jean auraient continué leur pêche sur le lac de Tibériade. Un homme qui se croit quelque chose et qui compte sur ses forces peut s'arrêter devant un obstacle ; mais quand on ne compte que sur notre adorable Maître, quelle difficulté peut-on craindre ? On ne s'arrête que lorsqu'on est au pied du mur ; on attend alors avec patience et confiance qu'une issue s'ouvre, puis on continue sa marche comme si rien n'avait été. »

Lutter, combattre, même sans aucun espoir de remporter la victoire. Persévérer malgré les déceptions, prier constamment, sachant qu'on ne serait pas écouté – tels étaient les principes qui dictaient la conduite de Libermann. La méfiance avec laquelle on l'accueillait à Rome semblait confirmer sa profonde conviction qu'il n'était pas agréable à Dieu. Il se remémorait la vision qu'il avait eue au séminaire de Saint-Sulpice le jour de l'ordination de ses compagnons, à une époque où il croyait encore qu'il serait bientôt lui-même prêtre. Ce jour-là, Jésus lui était apparu dans sa réalité physique : vêtu comme un prélat, passant parmi les rangs des séminaristes, il adressait un regard affectueux à chacun d'eux, mais arrivé à sa hauteur, il l'avait considéré avec indifférence. Quelques jours plus tard, Libermann eut sa première crise d'épilepsie, laquelle compromettrait désormais son ordination. L'explication rationnelle ne voit dans cette vision que l'effet de l'angoisse, à demi consciente, que lui inspirait l'approche de la maladie, alors que, pour Libermann, il ne s'était pas agi d'une hallucination, mais d'une réalité transcendantale. Quant aux conséquences qui s'en étaient ensuivies, Libermann refusait de les envisager : rien ne lui était plus étranger que la sombre prédestination janséniste touchant le salut et la damnation. Il luttait désespérément contre l'idée que celui qui, à ses yeux, ne pouvait être que la source d'un amour et d'une miséricorde infinie, même envers les pêcheurs les plus endurcis, n'était qu'un despote dépourvu de toute volonté (car s'en tenant, impuissant, à sa première décision). Au contraire il avait conclu (non sur le plan de la logique, mais sur celui du sentiment) que Dieu démontrait son omnipotence en confiant la réalisation de ses intentions à ceux qui en paraissaient les plus indignes. « C'est un fait, se disait-il, que je suis infirme, inutile, que mes origines, mon aspect et mon comportement suscitent la méfiance, sinon la répugnance, que le projet que je défends – et justement parce que c'est moi qui le défends, moi, qui n'ai aucune qualité pour le faire – peut paraître chimérique, le fruit d'une illusion inspirée par l'orgueil et l'outrecuidance. Oui, je sais tout cela, et pourtant, il faut que je tienne bon, que je reste fidèle à ma vocation, laquelle, même si je ne parviens pas à en persuader mes adversaires, n'est pas une invention de mon esprit, mais m'a été imposée. Ainsi, ma victoire ne sera pas la mienne – qui suis-je, au juste ? – mais celle d'une inéluctable nécessité. Voilà pourquoi, aussi insurmontables que paraissent les obstacles qui se dressent sur mon chemin, je ne dois jamais céder au découragement.

« On refuse de m'adresser la parole tant que je ne suis pas ordonné prêtre, ce qui est impossible à cause de mon état. Ainsi, vue d'ici-bas, ma tâche est absurde. Mais c'est là un calcul à courte vue. Dieu peut trancher ce nœud. »

Quant à son sentiment, inquiétant, que Dieu était contre lui, il ne lui accordait pas une importance démesurée. Comme tous les mystiques en relation avec Dieu, qui connaissent des périodes d'aridité spirituelle sans que leur confiance en la miséricorde divine ne s'en trouve ébranlée, il ne considérait pas l'insuccès de ses démarches comme la preuve de l'indifférence de Dieu à son égard. Il croyait fermement en Dieu, même lorsque – ce qui lui arrivait assez souvent – il perdait le contact avec lui. Comme il eut souvent l'occasion de l'exprimer dans sa correspondance régulière avec ses compagnons du séminaire, il existait deux sortes de grâce divine : une première, facile et agréable, dont les bénéficiaires privilégiés, délivrés de leurs doutes, accomplissaient aisément leur mission auprès des âmes qui leur étaient confiées, et une seconde, comportant de douloureuses épreuves, des tourments et des doutes : ceux qui en étaient touchés ignoraient souvent leur vocation, et, pour que leur triomphe final soit d'autant plus éclatant, tout semblait s'opposer à leurs desseins. Dans cet état d'âme, il convenait d'éliminer toute trace de considérations personnelles, fruits de la vanité, et devenir outil insensible de la volonté divine.

Voilà pourquoi il restait à Rome, alors même que toutes les portes s'étaient refermées et qu'il n'avait plus rien à espérer. Il fréquenta assidûment les églises de la ville, priant Jésus de lui permettre de persévérer. Après le départ de De la Brunière, il quitta M. Jourdan et emménagea Vicolo Pinacolo chez la famille Patriarca, qui louait des chambres à des ecclésiastiques. Mais, n'ayant pas les moyens d'en prendre une, Libermann s'installa au grenier où des pigeons avaient déjà élu domicile. Il le meubla avec une table, une vieille chaise et un matelas usé, le tout acheté au marché aux puces. En guise d'oreiller, il se servait d'un bloc de pierre. Il payait – déjeuner compris – un thaller par jour. Réduit à la mendicité après qu'il eut dépensé toutes ses économies, il dînait de quelques morceaux de pain trempés dans de l'eau.

Jour après jour, il sortait de bonne heure pour accomplir ses dévotions, communiait tous les matins et fréquentait assidûment les églises Saint-Pierre et Saint-Augustin. Rentré à la maison, il prenait une tasse de café et comme ses logeurs lui en donnaient une large mesure, il ne les laissait pas y mettre du sucre qu'il achetait lui-même. Après le déjeuner, il lisait et écrivait jusqu'au dîner. Quelquefois, il recevait la visite d'ecclésiastiques français. Il se couchait vers 10 heures.

L'été est chaud à Rome ; son grenier était une étuve. En dehors de ses crises d'épilepsie, il souffrait – sans jamais s'en plaindre – de divers maux passagers : éruptions cutanées, fièvres, indigestions. La porte du grenier était tellement basse que sa tête heurtait constamment une poutre, mais il se sentait parfaitement heureux dans son misérable logis. « Oh ! si je n'aimais pas le bon Dieu, je serais le plus ingrat des hommes, car il m'a fait de bien grandes grâces ! » répétait-il.

Signor Patriarca, son logeur, qui avait servi dans l'armée de Napoléon, aimait se vanter de ses exploits militaires. Il en était resté au grade de sergent major, mais, à l'entendre, il n'aurait pas manqué de devenir au moins colonel, si, pour obéir à sa mère (per far ubbedienza alla mia madre), il ne s'était pas retiré de l'état militaire. Il insistait pour que son hôte aille déchiffrer sur les murs du cloître Saint-Grégoire les noms des croisés romains parmi lesquels se trouvaient ceux de plusieurs de ses ancêtres, les patriciens Patriarca. Tenant dans ses bras leur fils Raphaël, destiné à devenir prêtre, l'épouse assistait aux fanfaronnades de son mari. Le couple, qui appréciait ce modeste locataire, lui avait proposé, à plusieurs reprises, de quitter le grenier et d'emménager dans une des chambres devenues libres, mais, se déclarant entièrement satisfait, Libermann était demeuré inflexible. Sa patience, sa sérénité, son amour de la pauvreté, impressionnaient son entourage.

Quand il ne faisait pas ses dévotions, il lisait, tantôt son missel, tantôt la Sainte Ecriture – l'Ancien testament en hébreu, le Nouveau Testament en latin – tantôt Thomas Kempis. Ce fut à Rome qu'il rédigea ses premiers commentaires de l'Evangile selon Saint Jean, ainsi que le projet des statuts de la Congrégation qu'il envisageait de fonder.

Il avait longtemps hésité avant d'entreprendre ce travail. Selon son habitude, il s'était livré à un examen de conscience approfondi. N'était-ce pas sa vanité qui le poussait à se lancer dans une telle aventure ? se demandait-il. S'étant assuré qu'il n'en était rien, il s'attela à sa tâche, mais toujours hésitant. Cependant, l'aisance avec laquelle il avançait dans sa rédaction finit par le convaincre qu'il travaillait sous l'impulsion de la Providence, même si, dans l'immédiat, sa tâche lui paraissait totalement peine perdue.

Le volumineux manuscrit qui, avec quelques compléments et modifications, devait, en 1845, devenir le règlement intérieur de la compagnie de missionnaires portant le nom du

Saint Cœur de Marie, se compose de trois parties. La première est consacrée aux objectifs de la mission, la seconde à son esprit, à l'obéissance, à l'humilité et à la nécessité de subir collectivement les épreuves qui attendent les membres de la congrégation ; la troisième à la structure hiérarchique de celle-ci. D'une façon générale, le règlement ne diffère guère de celui des autres institutions religieuses, mais certains passages reflètent la spiritualité de son auteur. Ainsi, l'article 9 du chapitre II de la deuxième partie : « On ne doit jamais avoir dans la maison des livres superflus, mais seulement ceux qu'exigent les besoins ordinaires de notre état » Dans une lettre à M. Dupont, datée du 5 octobre 1840, il développe en ces termes son opinion sur le danger de la science :

« Vous désirez savoir ce qu'il faut penser par rapport à l'étude. Comme c'est là un point des plus importants, je vais tâcher de vous en parler le plus clairement que je pourrai. Il faut savoir que le prêtre doit posséder deux choses : la sainteté et la science. Il est certain que la première, la principale et la plus importante, c'est la sainteté. La science de la théologie est nécessaire, mais d'une nécessité secondaire. De plus, elle n'est pas nécessaire dans toute son ampleur et selon toute l'étendue qu'on peut lui donner, mais il y a une certaine mesure qui suffit, tandis que pour la sainteté, il n'y en a pas.

« Il est évident que, pour sauver des âmes, la plus haute science de la théologie ne suffirait pas et même ne pourrait rien ; il y faut des grâces et l'Esprit Saint seul peut communiquer ces grâces... Il est bien certain que les âmes innombrables qui ont été sauvées l'ont été par le moyen de saints et que ces saints n'ont aucunement employé la science pour les sauver, mais l'esprit de Dieu, c'est-à-dire un esprit de zèle, de dévouement, d'amour, de douceur et les autres vertus sacerdotales et apostoliques. Il est certain, et l'expérience l'a prouvé mille fois, qu'un prêtre médiocre en fait de science, mais bien avancé dans la vie intérieure et dans la perfection sacerdotale, sauvera infiniment plus d'âmes qu'un prêtre très savant, même grand prédicateur, mais qui n'aura qu'une piété commune.

« Une autre preuve encore qui doit démontrer quelle est l'importance qu'on doit attacher à la sainteté : voyez quels sont les meilleurs confesseurs et les meilleurs directeurs, je ne dis pas ceux qui ont le plus de réputation et qui sont les plus courus du monde, mais qui produisent un bien plus vrai et qui conduisent véritablement les âmes à la perfection et à la sainteté ; ce ne sont pas les plus savants dans la science, mais les plus saints et les plus intérieurs. Ce sont ces derniers qui sont les plus savants dans la science intérieure, tandis que ceux qu'on appelle les hommes de science ne sont point du tout faits pour la direction. Ils conduisent en aveugles, ils contrarient beaucoup les âmes ferventes et les arrêtent dans leur marche. Quand sainte Thérèse loue les savants directeurs, cela signifie, dans son langage, les hommes savants dans cette dernière science, encore plus que dans la science humaine, comme saint Pierre d'Alcantara, qu'elle appelle un savant.

« Dans l'état où nous nous trouvons, il faut avoir cependant la science ; mais cette science ne doit point porter atteinte ni à la piété ni à la sainteté. Dès qu'on aperçoit que l'étude nuit à l'esprit intérieur et à la piété, on peut compter que quelque chose laisse à désirer. Il ne faut donc pas mépriser la science, elle est nécessaire, quoique secondairement ; il faut l'avoir dans un degré suffisant ; seulement en s'y appliquant, il faut prendre certaines précautions.

« Il y a trois sortes de sciences (je parle toujours ici de la science de la théologie). La science naturelle, acquise purement et simplement par le travail et l'application continuelle de l'esprit, lequel s'y adonne avec toute son ardeur et opiniâtreté, de manière à en être absorbé et à se fonder sur ses propres forces pour l'acquérir. Il est certain que cette science est purement naturelle (quoique son objet soit la science surnaturelle), et point du tout la science d'un prêtre. Un homme qui passerait ainsi son séminaire ferait peu de chose pour le salut des âmes. La seconde est la science purement surnaturelle, qui s'acquiert dans la contemplation et par un don de Dieu, d'une manière infuse. Celle-ci est toute sainte ; mais elle n'est pas donnée à tout le monde, et même elle est rare dans l'Eglise. Il ne faudrait pas s'appliquer à l'avoir, ce serait une présomption, parce que c'est un don élevé de la grâce. La troisième, celle à laquelle tous les séminaristes doivent s'adonner, pourrait être appelée science mixte. Elle s'acquiert lorsque, par un principe purement surnaturel, comme celui de plaire à Dieu et de faire sa volonté sainte, on applique sérieusement ses facultés naturelles à l'étude, plein de confiance en Dieu et dans un esprit de recueillement et d'amour pour lui.

« Il faut bien prendre garde aux illusions et satisfactions qui se présentent par rapport à cela. L'on doit d'abord appliquer sérieusement ses facultés, surmonter les dégoûts et éviter cette paresse et cette lâcheté naturelles qui nous portent sans cesse au repos. Ce sont là autant de défauts qu'il importe de combattre et de vaincre, par le motif de plaire à Dieu ; autrement, nous ne ferions pas une action chrétienne. Il faut, en outre, se précautionner contre le goût trop prononcé et la passion de l'étude. Cette passion est une des plus fortes. Elle paraîtrait une vertu aux yeux de quelques-uns ; mais il n'en est pas moins vrai que c'est un véritable vice qui éloigne de Dieu, nous rend le recueillement extrêmement difficile, dessèche le cœur, remplit l'âme d'amour-propre, la rend moins susceptible de recevoir les grâces et les lumières de Dieu dans les choses spirituelles, et moins fidèle à se renoncer. »

Sa méfiance vis-à-vis de l'érudition s'exprime avec encore plus de force dans le chapitre III de la troisième partie du Règlement où Libermann formule les devoirs du supérieur. Dans l'article 2 de ce chapitre, il déclare :

« Dans ce choix, on ne doit se régler en aucune façon sur le talent ou sur la science des candidats, et même, si on peut choisir un homme de talent ou de science, il faut qu'en premier lieu il estime peu lui-même ces sortes d'avantages naturels et qu'il ait à un haut degré les vertus des parfaits supérieurs. »

Dans la version modifiée, datée de 1845, il dit expressément :

« On ne se fiera, pour le choix d'un supérieur, sur le talent ou la science extraordinaire. Il faut même, lorsque le choix tombe sur un homme de talent ou de science remarquable, qu'on s'assure que le candidat n'estime pas trop les avantages naturels qu'il possède et qu'il n'y mette pas sa complaisance. Il faut qu'il ait à un haut degré les vertus parfaites exigées par la règle dans les supérieurs. »

En ce qui concerne le caractère du supérieur (article IX) :

« On doit exclure très soigneusement les esprits roides, durs, difficiles, chagrins, naturellement trop hautains, à moins qu'ils ne soient parfaitement vaincus. Il faut des esprits souples, dociles, capables de plier et de céder lorsque la circonstance l'exige. »

Donc, semblables à lui-même. Car, tout en affirmant avec fermeté (deuxième partie, chapitre IX, article XXVII) que :

« chacun doit se regarder comme le dernier de tous ces frères, et aimer à être traité comme tel par tout le monde, choisir en tout ce qu'il y a de plus bas et de plus vil. On aimera aussi à être traité des autres comme le dernier de tous. », il définit ainsi (article XXVIII) les devoirs du supérieur :

« Pour se perfectionner dans l'humilité, ils se porteront avec joie aux œuvres les plus basses pour le service de leurs frères, comme de faire la cuisine dans la maison, laver la vaisselle, balayer les escaliers, les salles, la cour, brosser les habits, nettoyer les souliers, et autres œuvres encore plus basses, s'il s'en trouve. Ils feront tout cela, même en présence des étrangers, et sans honte, ni vanité, mais avec une douce et humble modestie. »

Il pousse son puritanisme jusqu'à condamner le plaisir des yeux (2ème partie, chap. II, article VIII) :

« On n'aura jamais de jardin d'agrément, mais tout ce qui s'y trouve doit être pour en tirer quelque fruit pour les missionnaires. On doit y éviter même toute symétrie qui plaît à l'œil... Afin que tout soit toujours dans un état commun et pauvre. »

En revanche, il adresse aux supérieurs la recommandation suivante :

« Ils doivent prendre garde de ne pas faire souffrir leurs frères par cette austérité de vie pour laquelle ils se sentiraient portés. Ils ne doivent pas les charger au-delà de ce que la règle demande, sous prétexte de procurer leur sanctification. Leur attrait pour les mortifications et les humiliations ne doit pas influer sur leur conduite dans le gouvernement de leurs frères. Ils doivent au contraire toujours être portés à adoucir le joug de notre adorable maître dès qu'il s'agit de choses qui ne sont pas ordonnées par la règle, ni opposées à l'esprit de la Congrégation. »

Chapitre II

Le ciel s'éclaircit, s'assombrit de nouveau, avant de resplendir d'un bleu éclatant

Pendant que, obéissant à une impulsion intérieure, Libermann couchait sur le papier le projet de règlement de la Congrégation, dont la cause lui semblait pourtant perdue, les autorités continuaient à se préoccuper du sujet. La *Propaganda Fide* du Saint-Siège se renseigna sur Libermann à Paris et reçut des informations favorables. Bien entendu, l'intéressé n'était pas au courant de ces démarches : absorbé par ses dévotions, il menait, en compagnie des pigeons, une vie d'une sainteté exemplaire dans le grenier du Vicolo Pinacolo. Au premier étage de l'immeuble logeait un prêtre français : Libermann le mit au courant de ses projets chimériques. Chaque fois qu'il le croisait dans l'escalier, l'ecclésiastique ne manquait pas de l'encourager : « Il faut vous remuer plus que cela, lui disait-il. Regardez, moi, j'ai été voir tel évêque, tel cardinal... et vous, vous restez inactif. Comment voulez-vous qu'on s'occupe de votre affaire ?

– Je ne me sens pas porté à chercher des appuis humains, Monsieur l'abbé, lui répondait Libermann, d'ailleurs, je ne suis pas capable de les obtenir. J'ai présenté mon projet. Si Dieu veut qu'il soit agréé, on saura bien me trouver.

Avant de lui écrire, la *Propaganda Fide* du Saint-Siège s'était donc renseigné sur Libermann auprès de la nonciature parisienne. Antoine Garibaldi, le nonce apostolique, s'adressa à cet effet à M. Garnier, supérieur général de Saint-Sulpice, qui, dans une lettre datée du 18 mai 1840, se répandit en éloges sur l'intéressé. Aussi, la *Propaganda Fide* se montra-t-elle favorable à la requête de Libermann. Le 6 juin 1840, à la demande du cardinal Franconi, préfet de la *Propaganda Fide*, le prélat Palma (qu'une balle perdue devait tuer en 1849, lors des émeutes à Rome) écrivit en latin à Libermann. Il lui apprit que le Saint-Siège donnait sa bénédiction à son projet et, afin qu'il puisse mener celui-ci à bien, l'invitait à se faire ordonner prêtre le plus vite possible. Débordant de joie, Libermann s'empressa d'annoncer la bonne nouvelle à ses amis ; sa lettre croisa celle, datée du 25 juin, de Le Vavasseur, qui commençait ainsi : « Mon très cher Père ! J'ai de bien bonnes nouvelles à vous annoncer. Que Notre-Seigneur est admirable en ses desseins ! Nous nous agitons beaucoup et croyons faire quelque chose ; mais Lui, il conduit son œuvre comme elle doit être menée et par des moyens auxquels personne ne s'attendait. »

Que s'était-il passé ? De passage à Paris, Monseigneur W.B. Allen Collier, ex-supérieur du monastère des bénédictins anglais de Douai, et que le Pape venait de nommer évêque de Milevum et vicaire apostolique de l'île Maurice, avait fait une visite de courtoisie à M. Garnier, directeur du séminaire de Saint-Sulpice. Au cours de leur conversation, l'évêque se plaignit du manque de prêtres sur l'île : ils n'étaient que cinq ou six pour subvenir aux besoins spirituels de plusieurs centaines de milliers d'indigènes. Il demanda ensuite au supérieur de lui permettre – au cas où la Providence lui fournirait quelques candidats – de les envoyer à Saint-Sulpice.

Enchanté de l'honneur que lui avait fait Mgr. de Milevum en venant lui rendre visite, le supérieur lui répondit qu'au sein de son séminaire, un pieux ecclésiastique, originaire de l'île Bourbon, avait l'intention, une fois ordonné prêtre, de se consacrer au service spirituel des Noirs de cette colonie. « Voilà une excellente acquisition pour votre vicariat, Monseigneur, poursuivit le supérieur, offrez donc à ce jeune homme les moyens d'exercer son zèle à Maurice. » L'évêque demanda à voir le jeune séminariste. Invité par le supérieur, Le Vavasseur se présenta auprès du vicaire et lui déclara que, bien qu'il eût l'intention d'œuvrer à l'île Bourbon, si Dieu voulait l'utiliser ailleurs, il se soumettrait à Sa volonté. Il informa de cet entretien ses professeurs, MM. Pinault et Gallais, qui, connaissant bien Libermann, exposèrent au vicaire les projets de celui-ci. Vivement intéressé, Monseigneur Collier leur déclara qu'il soutiendrait l'entreprise de toutes ses forces. Les deux professeurs proposèrent alors au vicaire

1°) d'accepter pour son vicariat M. Libermann, en considération de son utilité pour la direction du noviciat de la Société des Missionnaires des Noirs ;

2°) de se charger de l'entretien temporel des prêtres qui seraient employés dans son vicariat.

L'évêque de Milevum agréa ces propositions et, en vertu du pouvoir qui lui avait été conféré par le Saint-Siège, envoya une dispense pour l'ordination de Libermann *in quibus cumque irregularitatibus*.

En même temps, Libermann reçut une lettre de Strasbourg, qui devait se révéler décisive pour son sort. Son frère lui apprenait que Monseigneur Roess, le futur évêque de Strasbourg, était disposé à le consacrer prêtre.

Ainsi, la miraculeuse intervention de la Providence avait écarté tous les obstacles qui se dressaient sur le chemin de Libermann : deux évêques se montraient prêts à l'ordonner. Cependant, Libermann ne sauta pas sur l'occasion et nous savons pourquoi : il était convaincu que Dieu ne voulait pas qu'il devînt prêtre. Son aspiration aux saints sacrements était une chose, la mission qui lui avait été confiée en était une autre, celle-ci regardait l'Eglise, celle-là ne concernait que lui-même ; or, il était persuadé que sa personne n'était pas agréable à Dieu. C'est qu'en son for intérieur, il se jugeait indigne de célébrer la messe et de distribuer la communion. Dieu ne le désignait pour accomplir sa volonté – lui, le moins apte à une telle mission – que dans le but d'étonner les hommes. Aussi, avant de prendre sa décision, Libermann voulut-il, pour une dernière fois, interroger Dieu sur ses intentions le concernant, et se rendit en pèlerinage à Lorette, là où un miracle a transporté la maison natale du Rédempteur.

Entrepris à la fin du mois de novembre, son pèlerinage dura tout un mois. Mal rasé, vêtu de haillons, Libermann s'en remit entièrement à la charité. Raillé, ridiculisé même, arrêté pour vagabondage, il parvint néanmoins à son but. Bien entendu, nous ignorons tout de l'expérience mystique qu'il eut à Lorette : toujours est-il qu'à la suite de ce pèlerinage, il n'eut plus à souffrir de crises d'épilepsie. A son retour à Rome, il reçut une nouvelle lettre de son frère Samson, qui le conforta dans sa décision : « Mgr. Roess, le nouvel évêque coadjuteur, auquel j'avais rendu visite à l'occasion de son installation, s'est beaucoup informé de tout et de tout ce qui te concerne. Apprenant que tu es embarrassé pour recevoir les ordres, il m'a confirmé le désir qu'il aurait de t'imposer les mains. Il t'attend au plus tôt ici pour te conférer le sous-diaconat. »

Cette information renforça Libermann dans sa conviction que la Vierge Marie avait écouté ses prières. Il la transmit aussitôt à Monsieur Pinault, son conseiller spirituel, qui lui recommanda d'accepter la proposition de Monseigneur Roess. Trois semaines plus tard, le 7 janvier 1841, Libermann quittait Rome pour se rendre à Strasbourg.

A trente-huit ans, il dut retourner au séminaire et achever ses études au milieu d'élèves qui étaient ses cadets de dix, voire de vingt ans. Après avoir passé quelques semaines chez son frère, Libermann se présenta au séminaire le 23 février, fête du Mardi Gras. Après qu'il eut accompli les formalités d'admission, il rejoignit les autres élèves au réfectoire. La discipline s'étant quelque peu relâchée, pour remplacer la pieuse lecture d'habitude obligatoire en cette circonstance, un élève s'employait à cet instant à amuser la galerie en parodiant le prêche d'un rabbin. Tout à coup, les séminaristes aperçurent, coincée entre la porte d'entrée du réfectoire et le mur, la silhouette de cet ecclésiastique étranger, tenant son bonnet serré contre sa poitrine et semblant attendre qu'on vînt à lui pour lui attribuer une place. Son aspect extérieur, ses traits juifs marquants ne manquèrent pas de les impressionner ; confus, le farceur se tut. L'étranger, qui restait debout sur le seuil de la porte, ne semblait nullement souffrir de sa situation humiliante.

Futur aumônier du bagne de Toulon, le jeune imitateur du rabbin s'appelait Jean Baptiste Bangratz. Voici en quels termes il s'exprime sur Libermann :

« De plus en plus poussé par le désir de connaître de plus près le Juif converti, je l'abordai un jour au sortir du réfectoire. Un séminariste venait de prêcher pendant le dîner. « En bien ! comment avez-vous trouvé ce sermon ? » demandai-je à

Libermann. « Quand on prêche, me répondit-il, il ne faut pas viser à l'effet... J'ai entendu parler d'un prêtre qui voulait à toutes forces faire pleurer son auditoire, et il a fini par faire rire tout le monde. » Je ne puis exprimer l'impression que fit sur moi cet entretien ; ces quelques paroles furent dites par le Serviteur de Dieu avec une telle douceur et une telle modestie que j'en demeurai comme ravi, et, à partir de ce moment, je ressentis pour lui la plus profonde vénération. »*

L'ordination de Libermann allait se heurter à l'opposition de Monseigneur Affre, l'archevêque de Paris.

Par ailleurs, renonçant à la collaboration de Le Vavasseur, Monseigneur Collier emmena avec lui, à l'île Maurice, un jeune prêtre de campagne, Jacques-Désiré Laval. Ancien médecin, d'une ferveur religieuse exceptionnelle, celui-ci brûlait du désir de se consacrer à cette cause. Avant son départ, il fit don de tous ses biens à Libermann – qu'il ne connaissait

---

* Ce prêtre, qui mourut plusieurs dizaines d'années après Libermann, reçut un jour la Vie du Père Libermann, du cardinal Pitra, le premier ouvrage important qui lui fût consacré. « Il faut que tu lises cela, lui dit l'expéditeur, car tu figures dans la Vie de Libermann, comme Pilate dans la Passion du Sauveur. »

« J'ai donc lu cette vie avec le plus vif intérêt, ajoute le prêtre, et, loin de trouver exagéré le récit des vertus du Serviteur de Dieu, j'y ai cru et adhéré de tout mon cœur, en me disant souvent à travers les pages du livre : « Cela n'a rien d'étonnant pour moi, car j'ai vu et connu Libermann : c'était déjà un saint au séminaire de Strasbourg.

« L'abbé qui, au jour de l'entrée de Libermann au séminaire, joua le rabbin, était moi. Dom Pitra affirme que l'abbé Libermann y assistait. Je ne le crois pas. Néanmoins, il peut se faire qu'il ait entendu parler de ma parodie des juifs. Quoi qu'il en soit, jamais il n'y a fait la moindre allusion. »

Ce récit de Bancratz nous paraît plus crédible que celui de Lux, un ancien séminariste de Strasbourg, qui, en évoquant l'incident, ajoute qu'émus par l'attitude de Libermann, ses compagnons s'abstinrent par la suite de se moquer des juifs ou de les invectiver. « Libermann s'en étant aperçu, me dit un jour : « Pourquoi tous ces égards ? Les juifs méritent-ils qu'on se gêne pour eux ? Ce sont des malheureux qui ont crucifié Jésus-Christ ! »

pas personnellement – afin qu'il les utilise pour sa future congrégation. Dans une lettre du 11 mars 1841 adressée à Le Vavasseur, Libermann écrit :

« Dites, s'il vous plaît, à notre cher Monsieur Laval, que je me réjouis de tout mon cœur de l'avoir pour frère. J'aurais été bien content de l'entretenir pendant quelque temps, mais puisque Notre Seigneur arrange les choses de manière que je ne le verrai que dans l'autre monde, nous attendrons alors de nous embrasser dans le règne de notre père céleste où la divine miséricorde nous admettra, j'espère. Il est bien heureux d'avoir les prémices des travaux que Notre Seigneur réserve à tous ses très chers frères. Il ne faut pas qu'il se décourage dans cette année qu'il restera seul. Il n'est pas seul, car Notre Seigneur et la Très Sainte Vierge sont avec lui ; et d'ailleurs nous tous lui serons toujours unis, par les liens de la charité, que le bon Maître se plaira à mettre dans nos âmes. »

Avant de s'embarquer, l'évêque de l'île Maurice prit deux mesures importantes. Il envoya un courrier à Monseigneur Roess pour que celui-ci lui cède Libermann, et, sur proposition de Le Vavasseur, nomma M. de Brandt, un ancien séminariste de Saint-Sulpice, son vicaire de France. Secrétaire tout-puissant de Monseigneur Mioland, évêque d'Amiens, l'abbé de Brandt – dont le comportement, pendant son séjour à Rennes, avait si vivement inquiété Libermann – fit tout pour mener les choses à bien. Aussi, invoquant l'autorisation de Collier, demanda-t-il à son évêque d'ordonner Libermann le plus vite possible. L'évêque s'y montrant prêt, il invita son ami à se rendre à Amiens. Les ennemis de Libermann firent alors une dernière tentative pour empêcher son ordination : différents supérieurs d'ordres religieux et le chanoine épiscopal lui-même s'y opposèrent avec une telle véhémence que l'évêque fut sur le point de revenir sur sa décision. En désespoir de cause, l'abbé de Brandt demanda à M. Mollevault, « maître des novices à la solitude » de Saint-Sulpice, de se rendre à Amiens. Mollevault, après que l'évêque lui eut fait part de ses scrupules concernant l'ordination de Libermann, prit la défense de son ancien séminariste. « Donc, à votre avis, je devrais l'ordonner prêtre ? » lui demanda l'évêque. « Monseigneur, lui répondit d'un ton pénétré le vénérable Mollevault, ce sera la plus belle action que vous ayez faite de votre vie. » Ses paroles rassurèrent complètement l'évêque d'Amiens. Quelques jours plus tard, le samedi 18 septembre 1841, la cérémonie eut lieu, en présence de l'évêque et de l'abbé de Brandt. Les autres membres du clergé brillaient par leur absence.

On peut s'interroger à juste titre sur les raisons de cette hostilité à la personne et au projet de Libermann. Elle s'explique d'une part par la méfiance croissante de l'Eglise à l'égard des Juifs convertis. Le zèle dont faisaient preuve ces néophytes ne manquait pas de choquer ceux pour qui la réserve et la discrétion constituaient parmi les qualités essentielles d'un prêtre. Même si l'activité de certains convertis, comme Libermann, Ratisbonne ou les frères Lehmann, devait se révéler hautement bénéfique par la suite, le bruit fait autour de leur conversion avait de quoi heurter les âmes délicates. S'y ajoutait, circonstance aggravante, le comportement inqualifiable du Juif converti Hyacinte Deutz, fils du grand rabbin de Paris. Après avoir, sous l'influence de son beau-frère, Drach, embrassé la religion catholique, ce jeune homme avait été introduit par son parrain, le comte de Montmorency, dans les milieux aristocratiques les plus huppés. Il était en contact avec certains membres de la dynastie en exil, dont la duchesse de Berry, mère de Henri V, roi de France aux yeux des légitimistes les plus irréductibles. Investi de certaines missions confidentielles, Hyacinte Deutz n'hésita pas, après la tentative de coup d'Etat de la duchesse, réfugiée en Bretagne auprès de ses partisans, à la livrer à ses ennemis. Cette trahison, digne d'un Judas, aurait suffi à elle seule à susciter la méfiance de l'opinion publique (toujours prête à généraliser) à l'égard des Juifs convertis, si prompts à tirer bénéfice de leur apostasie. Mais un an après sa conversion, Hyacinte Deutz aggrava son cas en publiant un « mémorandum » où il cherchait, non sans grandiloquence, à justifier son acte.

« En 1827, écrit-il, un vif désir de connaître les mystères du christianisme, l'organisation de l'institut des Jésuites, peut-être aussi l'espoir de me venger d'un misérable, qui avait trahi la tendresse de ma sœur, me conduisirent à Rome... » Donc, à l'entendre, il ne s'était converti au christianisme (qu'il renia peu de temps après) que pour connaître ses mystères « inaccessibles au profane » ainsi que l'ordre des Jésuites, présenté sous des dehors redoutables par la littérature des Francs-maçons, et, *last but non least*, pour « se venger » de son ex-beau-frère, si vivement apprécié par l'entourage du Pape. Il y parvint, en effet. Il réussit à compromettre non seulement son beau-frère, mais aussi tous ses ex-coreligionnaires, qui, du coup, perdirent la confiance dont ils jouissaient de la part de l'Eglise catholique. Tous les Juifs récemment convertis devinrent l'objet d'une suspicion généralisée. C'est pourquoi la méfiance à l'égard de Libermann ne parvenait à se dissiper. Il avait pourtant reçu un avis favorable de son ancien séminaire et cet avis était écouté. Mais, dans un cas pareil, les qualités d'une personne sont tout aussi suspectes que ses défauts. La ferveur religieuse de Libermann paraissait excessive, son apostolat était jugé immodéré, ses projets de missionnaire constituaient, aux yeux de certains, le signe d'une ambition effrénée. Quelle audace, de la part d'un Juif malade, indigne même de célébrer la messe devant l'autel de Dieu, que de proposer la fondation d'une nouvelle congrégation ! Les démarches qu'il avait effectuées en ce sens ne prouvaient que son désir d'occuper le devant de la scène et sa décision – précédée pourtant d'une longue période d'hésitation – de quitter Rennes était attribuée à son inconstance. Qui nous dit qu'il persévérera dans son entreprise ? se demandait-on. Ne serait-il pas capable, sous prétexte d'obéir à un ordre intérieur, d'abandonner un beau jour ceux qu'il prétend guider ?

Des considérations d'une toute autre nature vinrent également contrecarrer les projets de Libermann. Depuis des temps immémoriaux, la propagation du christianisme dans les colonies française était l'affaire des missionnaires de la Congrégation du Saint-Esprit. Fondée à la fin du XVIIe siècle par Claude-François Poullart des Places, celle-ci s'acquittait honorablement de sa tâche. Cependant, depuis quelque temps, en raison des progrès récents de la laïcité, la compétence de la Congrégation en la matière était contestée et l'Etat entendait exercer son contrôle sur ses activités. Nommé en 1832 à la tête de la Congrégation, le père Fourdinier gérait ce conflit avec un remarquable sens diplomatique. Le Saint-Siège et le gouvernement français revendiquant tous deux le droit de nommer les évêques et les vicaires apostoliques des colonies, le supérieur de la Congrégation du Saint-Esprit, après avoir reçu de la *Propaganda Fide* les formulaires en blanc, soumettait au préalable au gouvernement la liste de ses candidats. De cette façon, on ne pouvait, sans le consentement du gouvernement, exercer dans les colonies aucune fonction sacerdotale, étant entendu qu'il revenait au supérieur de la Congrégation du Saint-Esprit le droit de présenter des candidats. En ce qui concerne la nomination des prêtres coloniaux et l'attribution à ceux-ci du pouvoir spirituel, la Congrégation de la Propagande déléguait ses pouvoirs au supérieur. La subtile politique du père Fourdinier permettait d'éviter la querelle des investitures.

Mais, comme tous les compromis, cette solution comportait de sérieux inconvénients. Le Saint-Siège craignait qu'en acceptant de se soumettre à l'autorité du gouvernement, la Congrégation ne devînt son instrument docile. D'autre part, le Pape ayant le dernier mot dans la nomination des évêques coloniaux et des vicaires apostoliques, ces derniers contestaient l'autorité du supérieur de la Congrégation du Saint-Esprit. Ces incertitudes étaient sources de grandes difficultés au moment d'exercer des mesures disciplinaires concernant le bas clergé colonial. « Dans l'état actuel des choses, écrit Fourdinier, je n'ose même pas écrire d'une manière un peu forte aux prêtres qui se comportent mal, ni donner des avis que je croirais nécessaires à MM. les préfets, de peur qu'ils ne me répondent que je me mêle de ce qui ne me regarde pas. »

Une situation trouble que Fourdinier était le premier à déplorer : son pouvoir de nommer les prêtres coloniaux était limité, et il n'avait aucune possibilité de les surveiller et de les contrôler. Or, à cet égard, des mesures drastiques s'imposaient, car, après la Révolution française et pendant la période confuse qui lui succéda, l'activité des missionnaires coloniaux connut une sérieuse détérioration : oublieux de leurs objectifs, privés de tout contact avec leurs guides, sans aucune aide matérielle ou spirituelle, ils durent consacrer toute leur énergie à leur subsistance et se transformer, tout en revendiquant leur qualité de missionnaires, en planteurs, commerçants ou spéculateurs. Ce qui ne manqua pas de scandaliser leur entourage.

Le problème de la relève se posait avec une acuité particulière. L'apostolat, dans les colonies, exige une ferveur et une persévérance extraordinaires ; or, invoquant la nécessité de disposer des meilleurs éléments dans la lutte contre l'athéisme, les évêques retenaient dans la métropole les ecclésiastiques les plus capables, ne mettant à la disposition des vicaires coloniaux que des rebuts, des prêtres dont ils auraient voulu se débarrasser. Dans cette situation, Fourdinier aurait dû accueillir avec joie l'entreprise de Libermann et de ses compagnons ; or, celle-ci n'était pas exempte de certains dangers. Aveuglé par son fanatisme de néophyte, Libermann ne se rendait pas compte de la menace qu'il représentait pour le délicat compromis que la Congrégation du Saint-Esprit avait eu tant de peine à réaliser entre le Saint-Siège et le gouvernement français. En effet, il prétendait affranchir le clergé colonial de toute influence séculière, et le soumettre à la seule autorité du Saint-Siège. Dans son mémorandum adressé à la *Propaganda Fide*, il souligne : « Notre désir serait que nous fussions envoyés en mission par le Saint-Siège et nous voudrions demeurer dans sa juridiction et dépendance, de manière que le Supérieur, que nous aurions choisi, n'eût pouvoir qu'après avoir reçu l'approbation de Son Eminence le cardinal de la Propagande. Ce serait la Propagande qui déciderait des missions que nous entreprendrions et des pays où nous travaillerions...

« Etant envoyés par le Saint Père, nous recevrions une bien plus grande abondance d'Esprit apostolique en parlant ainsi de la source et du grand trésor où Notre Seigneur a mis ce divin Esprit pour toute son Eglise. Nous aurions la plus grande assurance d'aller là où Dieu nous demande et où les besoins seront les plus grands, étant envoyés par le Souverain Pontife, qui seul a été chargé par Notre Seigneur de la sollicitude de toutes les Eglises. »

Il critique directement la Congrégation qui a l'exclusivité des affaires des missionnaires :

« Elle (la Congrégation du Saint-Esprit) a cela de particulier qu'elle envoie ses sujets dans les cures et alors il ne pourrait plus y avoir de la pauvreté. Chacune des congrégations a son esprit tout formé et ses vues propres – esprit et vue, il est vrai, très bons en eux-mêmes, mais qui ne pourraient pas être en rapport avec l'état des choses qui doit exister pour un projet si différent et qui ne pourraient pas être en harmonie avec l'esprit qui doit nous animer dans la vie que nous voulons mener. Or il arrivera nécessairement de là que ces communautés donneront une fausse direction à la nôtre et sans même presque de s'en apercevoir, elles tendront sans cesse à changer notre esprit et à nous donner le leur. »

On voit que Libermann tenait à se démarquer des congrégations existantes, et n'entendait se soumettre qu'à la seule autorité du Saint-Siège. Il n'est donc pas étonnant que la Congrégation du Saint-Esprit comme l'ensemble du corps épiscopal français se fussent méfiés de cette initiative dont le spiritualisme naïf était de nature à menacer le compromis si laborieusement obtenu entre l'Etat et l'Eglise. L'intransigeance de Libermann ne faisait que confirmer le soupçon de ceux qui ne voyaient dans son initiative que l'entreprise de quelques têtes brûlées désireuses d'appliquer les idées du libéralisme à la religion. Le mouvement antiesclavagiste, l'indignation sur la situation des Noirs considérés comme du simple bétail, constituaient des chevaux de bataille de la presse libérale. Mais le souvenir des atrocités que les planteurs avaient subies de la part des Noirs pendant la Révolution française était encore vivace en France. Et les arguments humanitaires en faveur de l'émancipation des Noirs n'y trouvaient pas que des oreilles complaisantes. Animée par la haine contre les grands propriétaires et les banquiers, la presse d'opposition faisait flèche de tout bois. Prenant le contre-pied du fameux « Enrichissez-vous ! » de Guizot, premier ministre de Louis-Philippe, qui aurait voulu que cette ambition constituât le but suprême de tout Français qui se respectait, cette presse avait fait de la compassion envers les opprimés, thème de prédilection de la littérature romantique, le sujet de la plupart de ses éditoriaux. Tout comme le saint-simonisme, cette littérature et cette presse s'appuyaient, pour motiver leur indignation, sur le sentiment religieux. Dans son socialisme purement sentimental, la génération de Louis-Philippe découvrit que le Christ avait été le premier socialiste. Rousseau, son autre idéal, ne cesse de plaindre les « doux et tendres sauvages » exploités et humiliés par les méchants Européens. La jeunesse d'esprit révolutionnaire regardait les Noirs avec les yeux de Madame Beecher-Stove.

Libermann n'avait pas lu la *Case de l'oncle Tom* : il avait été ému par les récits de Le Vavasseur, chagriné par l'idée que les Noirs, parmi lesquels il avait grandi, fussent voués à la damnation, parce qu'ils étaient païens. Le Vavasseur s'élevait vigoureusement contre les esclavagistes chrétiens et les prêtres coloniaux. Ses accusations contiennent indiscutablement une part de vérité. Laval, le premier missionnaire de l'équipe de Libermann, n'allait pas manquer de fustiger l'attitude des colonisateurs :

« Mon troupeau se monte à peu près de 60 à 70.000 Noirs, écrit-il, peu après son arrivée à Port-Louis, dans une lettre du 23 juillet 1842. Voilà, mon cher ami, de quoi travailler sans doute, et ce n'est pas la besogne qui manque, mais il y a de grands et bien difficiles obstacles à la conversion des Noirs : ce sont les Blancs, car, bien que ces pauvres gens ne soient plus esclaves, cependant, ils dépendent de tous ces mauvais Blancs, qui les détournent du service du bon Dieu et qui se moquent d'eux ; et puis, ces malheureux veulent aussi singer les Blancs et affecter du mépris pour la religion et pour les prêtres ; il est vrai qu'on a donné beaucoup de prise là-dessus, car les prêtres ont donné de grands scandales, et tous les jours on entend des choses scandaleuses ; Mgr Collier, très digne et estimable évêque de Maurice, en gémit et déplore cette malheureuse colonie, qui reçoit un si grand châtiment de Dieu, qui permet qu'il vienne de si mauvais prêtres à Maurice ; il faudra du temps pour réparer tous ces désordres et pour recevoir l'estime et la considération dont on a besoin pour exercer le saint ministère, surtout du côté de la chasteté, c'est infâme tout ce qui s'est passé ici, que Notre Seigneur ait pitié de tant de pauvres âmes qui périssent ici par centaines chaque semaine. »

L'esprit de Rousseau et de Bernardin de Saint-Pierre imprégnait profondément cette époque : au point que même ceux qui n'avaient jamais lu une ligne de ces deux auteurs partageaient leur point de vue sur l'innocence de ces « bons sauvages », qui, contrairement aux Européens corrompus, ne faisaient aucune différence entre le bien et le mal. Sensible à l'exposé de Le Vavasseur, Libermann, de son côté, estimait que les colonisateurs abusaient de la bonne foi et de la confiance des indigènes. La compassion envers leur sort eut un rôle déterminant dans sa décision de consacrer sa vie à la conversion des Noirs. Dans un de ses écrits, il définit en ces termes la tâche de la Congrégation :

« Ce qui, par la grâce de Dieu, nous a touchés le plus dans les nègres, ce sont ces conditions, cette affreuse misère temporelle et spirituelle que Dieu nous a fait concevoir en eux. De là, il est facile de tirer deux conclusions : la première, qu'étant les apôtres d'hommes si misérables et si abjects selon les vues humaines, nous devons vivre à proportion selon l'esprit d'un tel état ; la deuxième, supposé que nous ne trouvions plus rien à faire chez les nègres, c'est-à-dire supposé que cette grande misère et mépris et délaissement cessent parmi eux et qu'ils rentrent dans l'état ordinaire des peuples de l'Europe, nous devons nous adresser ailleurs et chercher un peuple plus misérable. »

Les autorités avaient de bonnes raisons de craindre que, sous prétexte d'évangéliser les indigènes, Libermann et ses jeunes gens fanatiques ne cherchent à les inciter à la révolte. Bientôt, cette crainte se dissipa. Le pouvoir comprit que ses soupçons étaient infondés.

Peu après son ordination, Libermann se rendit à Paris pour y rencontrer les membres de sa famille et tous ceux qui l'avaient soutenu dans ses projets, avant tout l'infatigable abbé Desgenettes, le vicaire de Notre-Dame-des-Victoires. Il célébra une messe dans cette église le 25 septembre. Deux jours plus tard, il inaugurait le premier noviciat de la Congrégation du Saint-Cœur de Marie à La Neuville, près d'Amiens.

Il aurait souhaité établir ce noviciat en Alsace, pour rendre service au diocèse de Strasbourg auquel il devait tant. Mais, sans le vouloir, Le Vavasseur l'avait mis devant le fait accompli en obtenant de l'évêque d'Amiens une maison meublée avec simplicité, comprenant une dizaine de cellules et une chapelle. Cependant, Le Vavasseur trouva le confort de cette maison excessif, il refusa de se coucher dans un des lits (qui avaient été fraîchement peints en rouge) et passa les premières nuits sur une table du réfectoire, prétextant que les esclaves de son pays « n'occupent qu'une seule pièce et dorment là où ils mangent. » Il s'opposa également à certaines dispositions prévues par le règlement, concernant notamment la nourriture, l'organisation des repas, etc. Un brave homme s'étant présenté pour faire la cuisine, il fut vivement rabroué par Le Vavasseur pour avoir, en plus du pain et de la bière, servi des œufs et de la salade. Il dut bientôt quitter le noviciat. On décida alors que chacun à tour de rôle ferait la cuisine, ce qui, étant donné leur manque d'expérience, n'alla pas sans difficultés et occasionna quelques scènes cocasses.

Libermann se montrait très généreux envers les mendiants qui venaient frapper à la porte de la maison. « J'aime mieux être trop bon et me faire prendre pour un homme simple qu'on peut tromper, plutôt que de faire de la peine aux gens. », disait-il.

A la demande de Mgr. Poncelet, le préfet apostolique de Bourbon, Le Vavasseur finit par quitter La Neuville et s'embarqua à Brest le 16 février 1842. Arrivé en juin, il se fixa sur le domaine de sa famille où l'on venait de créer une paroisse. Il y exerça à plein temps son ministère auprès des Noirs : catéchismes, prédications et visites aux pauvres.

Il fut aidé par un jeune prêtre, récemment arrivé, l'abbé Monnet et par deux confrères, MM. Collin et Blanpin. Il reçut, à partir de juillet 1843, quelques collaborateurs envoyés par La Neuville. L'un d'entre eux, un jeune prêtre nommé Plessis, se révéla incapable d'assumer sa tâche. Le Vavasseur le renvoya en France et adressa à cette occasion une lettre pleine de récriminations à Libermann. Il y parlait de son découragement. La réponse que lui fit Libermann en dit long sur son caractère et sa nature profonde.

« Si moi... je me décourageais comme vous, si j'abandonnais aussi, je voudrais voir comment nous nous en tirerions devant le Souverain Juge. Cependant, contre une raison que vous avez, j'en aurais cent à fournir...

Avec une si grande horreur d'être en rapport avec le monde, j'ai une répugnance à m'y produire parfois presque insurmontable... J'ai une grande peine à converser avec les hommes, et il faut que je le fasse sans cesse ; du matin au soir, il faut que je m'occupe de la direction et j'éprouve une extrême répugnance à le faire... Il semble que tout en moi s'oppose à ce que je reste dans l'état de choses où je suis... Il n'y a pas une fibre dans mon corps et pas un mouvement dans mon âme qui ne me poussent à la solitude... Cependant... Dieu me lie et m'enchaîne à cette œuvre crucifiante, mais chère à mon cœur. »

En décembre 1842, donc un an après la fondation de la Société du Saint-Cœur de Marie, Libermann s'inquiète de son avenir. « Le noviciat est fervent, confie-t-il à M. Desgenettes et les novices se multiplient, mais nous ne savons où aller. La terre nous manque. » Or, le lendemain, M. Desgenettes accueillait Mgr. Barron, prélat américain, vicaire apostolique des Deux-Guinées, en quête de missionnaires pour l'Afrique. Il informa Libermann de cette visite. Celui-ci offrit à Mgr Barron les cinq missionnaires qu'il préparait pour Haïti et que les troubles politiques empêchaient de partir. Finalement, sept frères et trois auxiliaires laïcs firent partie de l'expédition de Guinée et s'embarquèrent le 13 septembre 1843.

Mais les événements ne tardèrent pas à prendre une tournure tragique. Après une traversée pénible, les missionnaires arrivèrent enfin au Cap-des-Palmes. Aucun d'eux ne parlant le grebo, la langue locale, la communication avec les indigènes allait soulever de grandes difficultés. Il fallait traduire du latin en anglais, puis de l'anglais en grebo en abordant des sujets aussi compliqués que le péché originel ou la bonté du Créateur !

Deux semaines après leur arrivée, les missionnaires étaient atteints par la fièvre, l'un d'eux mourut le 30 décembre, puis deux autres au cours du mois de janvier. Ce fut une véritable hécatombe : à la fin de l'année ils n'étaient plus que trois. Sans nouvelles de La Neuville, deux d'entre eux partirent pour le Gabon où ils reçurent enfin, après deux ans de silence, un paquet de lettres provenant du noviciat. Le Père Libermann, qui avait appris le désastre, empêchait les novices, candidats au départ pour la Guinée, de partir. « Je ne puis envoyer des gens à la boucherie », écrivait-il.

Loin de se laisser abattre par cet échec, Libermann va déployer une prodigieuse activité. Les missionnaires européens ne pouvant, pense-t-il, résister au climat africain, son idée serait de les remplacer par des prêtres indigènes recrutés et formés sur place. Il rêve d'établir des Missions un peu partout en Afrique et envisage même d'évangéliser les Noirs du Brésil. En même temps, il s'intéresse à toutes les classes pauvres et entend, « former une œuvre qui... embrasserait les ouvriers, les matelots, les soldats : de plus, les bagnes, les prisons et la classe mendiante elle-même » et fonder, à cet effet, des maisons dans les principales villes maritimes de France ». Tous ces projets sont exposés dans son « grand plan d'apostolat » qu'il dépose à Rome, le 15 août 1846. Il entend faire œuvre de civilisation en même temps que d'évangélisation.

Son plan comporte quelques dispositions d'ordre pratique. Instruit par la malheureuse expérience de Guinée, il précise que les missionnaires doivent être envoyés en Afrique au début de la bonne saison et bénéficier d'un régime alimentaire convenable. En septembre 1846, pour faire connaître l'Œuvre, Libermann va entreprendre une vaste tournée de propagande dans les diocèses de l'Est, éveillant de nombreuses vocations. Les novices affluent, la maison de la Neuville se révèle trop exiguë et il faut se résoudre à la quitter pour emménager dans deux établissements distincts.

En Afrique, les missionnaires du Saint-Cœur de Marie travaillent avec ardeur. Ceux qui, après l'échec de Guinée, abordent l'île de Gorée, aménagent une ferme modèle, construisent des puits, un four à chaux et une briqueterie. On doit aux missionnaires du Sénégal l'introduction des fruits des Antilles et l'acclimatation des légumes importés d'Europe. Les missionnaires doivent se prémunir contre des maladies encore inconnues, assurer leur subsistance quotidienne, affronter les tracas administratifs, vaincre l'indolence et parfois l'hostilité des populations. Les jeunes prêtres enthousiastes adressent quelquefois des lettres très dures à Libermann, qui répond toujours avec douceur et rappelle aux impatients que « les œuvres de Dieu ne progressent qu'avec lenteur. »

L'œuvre à l'île Maurice, où l'esclavage venait d'être abolie, fut accomplie essentiellement par le père Jacques Laval. Nous avons brièvement relaté son passé de médecin, son ordination à l'âge de 36 ans, et le testament qu'il rédigea en faveur de Libermann. Il fut la première recrue de la Congrégation du Saint-Cœur de Marie. Arrivé à l'île Maurice le 14 septembre 1841, il s'y heurte à une situation difficile : corruption des Blancs, idolâtrie des Noirs, hostilité du gouvernement anglais qui refuse de recevoir des prêtres français. Cependant, Libermann réussit à lui envoyer trois prêtres français et leur action commune va porter ses fruits. A sa mort, en 1864, l'île presque entière est chrétienne. Sa tombe est un lieu de pèlerinage. Le 29 avril 1979, Jacques Laval est déclaré Bienheureux.

En raison de ses origines et de ses relations familiales, le père Eugène Tisserant avait été chargé par la Congrégation du Saint Cœur de Marie de la mission en Haïti. En août 1843, après plusieurs mois d'attente dus aux désordres politiques agitant l'île, il réussit enfin à y pénétrer. Nommé par le Saint-Siège préfet apostolique, il reçoit, en 1844, un premier renfort de La Neuville. Il va travailler au rétablissement du Concordat avec le Saint-Siège. Mais la fièvre jaune sévit sur l'île, et Tisserant, gravement atteint, doit revenir en France pour quelques mois. A son retour, en février 1845, il se heurte à l'hostilité de la nouvelle équipe gouvernementale et doit définitivement quitter l'île. Le père Libermann le fait alors nommer préfet apostolique de la Guinée. Tisserant s'embarque à la fin de novembre 1845. Quelques jours plus tard, il périt dans le naufrage de son navire.

Au cours de l'été 1845, Mgr Brady, évêque de Perth, en Australie, était venu voir Libermann à La Neuville, lui proposant de fonder un vicariat apostolique dans son diocèse. Le supérieur désigna quatre missionnaires, les Pères Thévaux, Thiersé et Bouchet, accompagnés du Frère Vincent. Ils s'embarquèrent le 16 septembre et arrivèrent en Australie le 8 janvier 1846. Le Père Bouchet, qui avait contracté la fièvre jaune en cours de route, mourut à peine débarqué. Les trois autres constatèrent que le futur vicariat ne comptait que quelques centaines d'indigènes, nomades répartis sur une vaste étendue de forêt vierge impénétrable. Les conditions de vie des missionnaires (manque de provisions, énormes difficultés de circulation) firent échouer leur mission. Le Père Thévaux abandonna le pays et rejoignit le Père Laval à l'île Maurice, les deux autres le suivirent un an plus tard.

Le Père Libermann entretenait des rapports délicats avec le gouvernement français. Exempt de tout nationalisme étroit, il cherchait à recruter des prêtres anglais. « Nous ne formons tous qu'une seule nation, celle des enfants de Jésus et de Marie... Nous ne pensons guère à cette petitesse d'esprit par laquelle chacun veut s'élever au-dessus de l'autre pour la gloire de sa nation » écrit-il, le 30 juillet 1842, au supérieur du Collège anglais pour les Missions étrangères. Bien entendu, il ne se faisait aucune illusion concernant les intentions des Etats : ceux-ci ne s'intéressent pas directement à la diffusion de l'Evangile. Pour eux, selon une expression du directeur des colonies de l'époque, les Missions constituent « un élément nécessaire de civilisation ». Dispensateur de subventions, l'Etat contrôle les missionnaires, mais ceux-ci, précise Libermann « seront laissés complètement indépendants de l'autorité civile quant au spirituel et à la liberté de conscience. » « Soyez bien avec les autorités, conseille-t-il à M. Bessieux le 4 mai 1845, prêtez-leur votre concours tant que leurs desseins restent dans les limites de la justice et de la vérité, et qu'ils ne sont pas opposés à la propagation de la Foi et des bonnes mœurs. »

Une autre préoccupation de Libermann vise l'attitude des missionnaires envers les indigènes. Dans une lettre du 19 novembre 1847, il recommande aux missionnaires : « Dépouillez-vous de l'Europe, de ses mœurs, de son esprit ; faites-vous nègres avec les nègres ... laissez-leur ce qui leur est propre ; faites-vous à eux comme des serviteurs doivent se faire à leurs maîtres... »

S'adressant, le 18 février 1849, à un groupe de jeunes prêtres, il préconise la même attitude vis-à-vis des pauvres :

« Aujourd'hui, de nouveaux besoins se font sentir ; chaque prêtre...doit étudier ces besoins, sonder les plaies de la société, et saisir toutes les occasions qui lui sont offertes dans sa position pour apporter un remède et un soulagement à ces plaies et à ces besoins [...] de là pour le prêtre l'obligation plus étroite d'éviter tout sentiment et toute apparence de hauteur dans ses rapports avec les pauvres, avec les ouvriers. Il doit se faire petit et simple. »

Chapitre III

La fusion

Les épreuves continuaient – car qu'est la vie des missionnaires sinon une longue suite d'épreuves ? – cependant, l'entreprise, si modeste à ses débuts, avait pris, en quatre ans, les proportions d'une grande institution. On le devait surtout aux efforts de Libermann, qui, contrairement à certains de ses compagnons, souvent si prompts à se décourager, avait poursuivi sa tâche avec persévérance, persuadé qu'aucun obstacle ne pourrait faire échouer son projet. Aussi avait-il pris des initiatives de plus en plus hardies.

La confiance absolue de la *Propaganda Fide* et sa généreuse aide matérielle assuraient à l'entreprise de Libermann une incontestable supériorité sur sa rivale, la Congrégation du Saint-Esprit. Celle-ci détenait toujours le monopole de la nomination et de la surveillance du clergé colonial, mais se révélait incapable de se montrer à la hauteur de sa tâche. En vain M. Leguay, le nouveau supérieur, tentait-il de rétablir l'autorité de la congrégation, en vain luttait-il avec acharnement contre celle de Libermann, l'issue de leur compétition ne faisait guère de doutes.

La révolution de 1848 se chargea de régler définitivement leurs différends. Nous avons déjà évoqué l'offensive de la presse libérale contre le clergé colonial, accusé de servir les esclavagistes, donc l'oppression. Certains journalistes allaient jusqu'à prétendre qu'au cours de la formation de ses prêtres, la

Congrégation du Saint-Esprit leur inculquait des idées pernicieuses, en professant, notamment, la compatibilité du système esclavagiste avec le christianisme. La question fut débattue au Parlement. Le 30 mars 1847, Montalembert, ardent partisan du catholicisme libéral, reconnut que cette accusation n'était pas sans fondement, et que, même si le Pape et le clergé condamnaient l'esclavagisme, l'action des prêtres coloniaux laissait souvent à désirer. Volant au secours du clergé colonial, le baron Dupin, député conservateur, ne fit qu'apporter de l'eau au moulin de la gauche, en commettant l'erreur d'invoquer une lettre de saint Paul, dans laquelle celui-ci exhorte ses fidèles à pratiquer la charité vis-à-vis des esclaves : ce qui, à entendre le député, signifiait que l'apôtre reconnaissait tacitement l'esclavagisme. Or, répliqua Montalembert, l'époque actuelle n'avait rien de commun avec celle de saint Paul ; légal au premier siècle, l'esclavagisme était illégal au XIXe, la loi ayant défendu le commerce des esclaves. L'offensive de la gauche redoublant de vigueur, le baron Mackau, ministre des colonies, dut lui-même monter en première ligne. Tout en réfutant l'argumentation de Montalembert, il admit que le clergé colonial n'était pas à la hauteur de sa mission. C'était mettre de l'huile sur le feu. Le 26 avril, le célèbre député de gauche Ledru-Rollin attaqua violemment la Congrégation du Saint-Esprit, responsable de la formation des prêtres coloniaux. Le lendemain, Leguay, le supérieur de la congrégation, adressa aux journaux un long communiqué condamnant l'esclavagisme, contraire au sentiment chrétien, et interdisant à tout catholique, ecclésiastique ou non, de contester le bien-fondé de l'interdiction du commerce des esclaves.

Cependant, à défaut de travailleurs salariés, l'économie coloniale ne pouvait pas se passer du travail des esclaves...

Aussi, pour ne pas perturber la production, l'abolition de l'esclavage, prescrite par la loi, ne se réalisait-elle que graduellement, par étapes. Or, l'opinion publique, de plus en plus acquise aux idées révolutionnaires, jugeait cette période de transition beaucoup trop longue. De leur côté, les planteurs esclavagistes faisaient tout pour entraver les efforts de leurs adversaires, coupables, à leurs yeux, d'inciter les esclaves à la paresse, voire à la révolte. Cette situation ne manqua pas d'engendrer quelques violents conflits.

L'une des conséquences de ces événements fut la fusion des deux congrégations.

Avant même l'arrivée de Le Vavasseur à l'île Bourbon, cette lointaine colonie de la France, l'abbé Monnet, un prêtre français, y avait déployé une intense activité de missionnaire. Modèle de dévouement chrétien, il était adulé par les Noirs, qui le considéraient comme leur père. Dans une lettre adressée à Libermann, Le Vavasseur, tout en rendant un vibrant hommage à l'abbé Monnet, formula quelques réserves à son endroit et estima que, malgré son vif désir de rejoindre la congrégation fondée par Libermann, sa présence n'y était pas souhaitable, en raison de son esprit d'indépendance. On ne saura jamais ce que Le Vavasseur reprochait exactement à son compagnon à la vie exemplaire. Etait-ce le fait que l'amélioration de la condition sociale des Noirs lui tenait autant au cœur que leur salut spirituel ? Toujours est-il qu'en butte à la haine des esclavagistes, l'abbé Monnet dut quitter l'île. Il y retourna en 1847, en tant que vice-préfet du vicaire apostolique Poncelet. Ayant appris son retour, les esclavagistes s'étaient rendus en masse au port. Ils l'accueillirent avec des huées et des injures. Une bagarre éclata, la troupe dut intervenir. Le lendemain, la scène se reproduisit, l'abbé Monnet fut insulté et menacé de mort, alors que les Noirs, ses farouches partisans, étaient déterminés à le défendre. Des combats de rue opposèrent esclavagistes et indigènes ; pour y mettre fin, le gouvernement rapatria l'abbé Monnet en Europe.

Cette mesure provoqua la colère de la presse libérale, qui s'en prit à M. Graeber, le gouverneur de l'île, l'accusant d'avoir cédé aux esclavagistes. Six mois plus tard, la révolution triomphait en France. Arago, ministre des colonies du nouveau gouvernement de gauche, nomma Schoelcher, un militant abolitionniste, à la tête du département chargé de l'île Bourbon. Se sachant impopulaire, M. Leguay abandonna la direction de la Congrégation du Saint-Esprit. Il fut remplacé par l'abbé Monnet, qui, conscient à la fois des mérites de la Congrégation du Saint-Cœur de Marie et du déclin de celle du Saint-Esprit, et, par ailleurs, extrêmement désireux de retourner auprès de ses Noirs, entama des négociations en vue de la fusion des deux institutions. En mai 1847, il se rendit personnellement auprès de Libermann ; un mois plus tard, le jour de la Pentecôte, la fusion fut prononcée. Elle fut entérinée par le Saint-Siège le 10 septembre de la même année. Monnet confia la direction de la nouvelle Congrégation à Libermann et s'embarqua pour Madagascar où l'attendait un poste de vicaire apostolique. Malheureusement, tout comme Tisserant, l'autre vicaire apostolique de l'île, il mourut pendant la traversée.

Les efforts de Libermann furent couronnés de succès : guide et administrateur suprême de la mission d'évangélisation dans les colonies, le supérieur de l'ordre d'Amiens se retrouva à la tête d'une des institutions religieuses les plus prestigieuses de France. Sans aller jusqu'à contester sa compétence en la matière, certains ecclésiastiques formés par la Congrégation du Saint-Esprit protestèrent violemment contre leur nouveau supérieur. Mais la douceur tenace de ce dernier finit par désarmer toutes les oppositions.

Ainsi, Libermann avait atteint son but. On aurait pu – ce que certains n'ont pas manqué de faire – ne voir en lui qu'un modeste industriel fermement décidé à écraser une entreprise rivale à la réputation plusieurs fois séculaire, laquelle, acculée au dépôt de bilan, n'avait d'autre issue que d'offrir à son adversaire un poste de directeur au sein de la firme.

Mais une telle présentation des faits ne correspond nullement à la réalité. Libermann n'a jamais cherché à rivaliser avec la Congrégation du Saint-Esprit. Vues de l'extérieur, ses démarches peuvent sembler relever d'une stratégie mûrement réfléchie. Or, elles lui furent bien plutôt suggérées par une puissance surnaturelle autant que par son souci de propager le verbe divin avec le plus d'efficacité possible. Un entrepreneur uniquement attaché au profit terrestre aurait, de toute évidence, fait preuve d'une certaine prudence ; or, les projets de Libermann étaient souvent chimériques et leur réalisation ne s'explique que par l'intervention d'une volonté supérieure.

Lui-même semblait prendre des distances avec ses actes. Tout en continuant à lutter, à négocier et à organiser, il adressait de longues missives à tel jeune séminariste pour le conforter dans sa foi et dissiper ses doutes. Comme toujours, il s'y révélait à la fois subjectif et objectif. Jamais entreprise aussi désespérée n'a été menée avec une volonté aussi puissante.

Car, ne l'oublions pas, d'insupportables douleurs physiques tourmentèrent Libermann tout au long de sa vie de labeur. En raison, vraisemblablement, des lourdes responsabilités qui étaient les siennes, on ne parlait guère de la mystérieuse maladie qui avait marqué sa jeunesse : lui-même, comme son entourage, tenait à garder le silence sur ce sujet. Or, il était peu probable que ses crises eussent cessé, mais Libermann ne se plaignait – très rarement et seulement à ses intimes– que de migraines, qu'il appelait, à la manière de saint François d'Assise, « mes chers maux de tête ». Un jour, il confia à l'un de ses interlocuteurs qu'il était insensible à tout ce qui ne le faisait pas souffrir ; seule, la douleur l'atteignait, les plaisirs – physiques ou spirituels – l'effleuraient à peine, la nourriture, par exemple, lui paraissait toujours insipide.

Un autre jour, il conversait devant la fenêtre ouverte avec un visiteur qui le trouvait particulièrement déprimé.

- Vous ne vous sentez pas bien, mon révérend Père ? lui demanda ce dernier.

Après quelques instants de silence, Libermann lui répondit :

- Le bon Dieu m'a confié une lourde tâche. Tant que mes forces me le permettent, je l'assumerai. Mais si, pour mettre fin à mes souffrances, quelqu'un voulait bien me jeter par cette fenêtre, je lui serais reconnaissant. Laissons cela, voulez-vous ?

Il lui restait trois ans à vivre, trois ans de luttes, la période la plus trouble de l'histoire contemporaine de la France, l'intervalle entre la chute du Roi-citoyen et l'avènement du Second Empire, marqué par des crises gouvernementales, des intrigues parlementaires, des manifestations de masse et de sanglantes mesures de répression, avec, en toile de fond, la préparation d'un coup d'Etat odieux aux yeux des uns, salutaire pour d'autres. Au cours de ces trois années, Libermann déploya une intense activité, certes aride, voire ingrate – démarches administratives, pourparlers avec des fonctionnaires du ministère des colonies et avec les dirigeants des institutions placées sous son contrôle –, mais, tout compte fait, bénéfique, car lui permettant d'oublier ses douleurs. Il entretenait une correspondance suivie avec ses compagnons dispersés aux quatre coins de la planète, ainsi qu'avec des particuliers qui lui demandaient conseils et réconforts, il assistait à d'innombrables réunions et assumait les mille tracas d'une trépidante vie séculière. En vain souhaitait-il disposer d'un peu plus de temps pour ses dévotions et ses méditations. Attaché, comme Ixion, à la roue enflammée que représentaient les devoirs de son état, ceux-ci finirent par le dévorer.

Il consacra ses dernières énergies à une mission à la fois absorbante et exaltante : la réorganisation de la Congrégation du Saint-Esprit, institution mère du clergé colonial, qui, sous sa direction, allait devenir l'un des instruments les plus efficaces de l'implantation de la civilisation française dans les colonies. Les jeunes ecclésiastiques formés par ses soins ne deviendront pas seulement d'ardents propagateurs de la foi chrétienne, mais aussi de véritables pionniers culturels, des agriculteurs et des artisans aussi tenaces qu'ingénieux, capables d'affronter les épreuves les plus pénibles.

Lui-même n'assistera pas à cet essor et ne verra pas la naissance des villes, des réseaux routiers, des aéroports dans ces territoires encore à l'abandon. Il fut obligé de s'aliter dans les premiers jours de l'année 1852. Ses symptômes étaient moins effrayants que ceux qui avaient marqué les crises de sa jeunesse. Ils n'étaient plus d'origine psychique mais révélaient la désagrégation de son organisme : son teint cireux, sa soif inextinguible constituaient les signes évidents d'une insuffisance hépatique. A la Maison mère de la Congrégation, tout comme dans les « filiales » provinciales, ses disciples prièrent sans trêve pour son rétablissement. Le Vavasseur, son compagnon le plus fidèle, mais aussi le plus rétif, veilla à son chevet avec son ami, Ignace Schwindenhammer. Lequel des deux lui succèderait-il à la tête de la Congrégation ? L'ancienneté plaidait pour Le Vavasseur, mais la prévoyance de Libermann fit accorder la priorité à Schwindenhammer. En apprenant la dernière volonté du moribond, Le Vavasseur poussa un soupir de soulagement et lui exprima sa profonde gratitude pour lui avoir épargné une telle responsabilité.

Après trois jours de souffrances atroces, mais patiemment endurées, Libermann sombra dans le coma. Par la suite, il reprit connaissance et souffrit encore pendant quarante-huit heures, avant que la mort ne vînt le délivrer. Après l'autopsie, son cœur et sa langue furent confiés à la Congrégation du Saint-Esprit, qui conserve ces reliques dans son siège parisien.

Deux jours plus tard, escorté par Le Vavasseur et Schwindenhammer, le cercueil de Libermann arriva à Notre-Dame du Gard, dans l'ex-monastère des Trappistes, devenu la maison d'études des élèves du séminaire de la Congrégation du Saint-Esprit. C'est ici qu'il fut enterré dans la plus grande simplicité. Seuls, les sanglots déchirants des futurs missionnaires de la Congrégation vinrent troubler le silence de la cérémonie.

Telle fut la dernière péripétie de la vie terrestre de François Marie Paul Libermann, fils de rabbin et talmudiste devenu fondateur d'une Congrégation de missionnaires catholiques. Cependant, loin de mettre fin à sa carrière, sa disparition marqua le début de son ascension dans les plus hautes sphères spirituelles.

Les premières démarches en vue de sa béatification furent entreprises quinze ans après sa mort. Réunie le 24 février 1867, sous la présidence de l'archevêque de Paris, Mgr. Darboy, la première instance canonique commença l'audition des témoins des actes pieux de Libermann. Cette première séance fut suivie de quarante autres, au cours desquelles furent consignées les déclarations, sous serment, des témoins qui s'étaient présentés volontairement devant la commission. Interrompue par la guerre franco-prussienne et par le tumultueux Concile du Vatican consacré à la question de l'infaillibilité du Pape, la procédure reprit au printemps de 1876 devant une seconde instance, la Congrégation des Rites, laquelle, composée de cardinaux, fut chargée d'examiner les témoignages recueillis, en même temps que les écrits, publiés ou manuscrits, de Libermann. Dès le mois de juillet 1876, le Pape Pie IX accorda à Libermann le titre de « vénérable serviteur de Dieu ». Dix ans plus tard, une décision du Saint-Siège estima les écrits de Libermann exempts de toute hérésie. Le 19 juin 1910, le Saint-Siège déclara solennellement que ses vertus étaient exemplaires.

La procédure de vérification est d'une extrême complexité. Une commission composée de cardinaux supervise les témoignages recueillis au cours des auditions et vérifie si certains d'entre eux ne sont pas contradictoires. La procédure est dialectique, l'avocat du diable énumère les arguments qui plaident contre la béatification. L'examen de certains faits litigieux risque de suspendre pendant des dizaines d'années les travaux de la commission.

Le plus grand obstacle à la béatification de Libermann est l'absence des trois miracles indispensables. Certes, l'intervention des puissances surnaturelles est manifeste dans sa vie ; renonçant à toute velléité personnelle, Libermann s'est laissé, à plusieurs reprises, guider par des instructions émanant d'une Sagesse supérieure. Mais cela n'a rien de miraculeux. Restent les interventions *post mortem*, les miracles qui pourraient survenir dans la vie de ceux ayant demandé à Libermann d'intercéder en leur faveur. La vérification de tels témoignages demande de longues années, retardant d'autant la béatification.

Depuis 1865, la dépouille de Libermann repose à Chevilly, dans le parc du séminaire de la Congrégation du Saint-Esprit.* Au printemps de 1939, nous nous rendîmes dans ce vaste domaine entouré de murailles en pierres blanches, dont le bâtiment central, autrefois résidence d'été de la famille Rohan-Guemené, donne sur un parc de trente hectares avec parterres de fleurs et allées ombragées. Plus loin, entre les ateliers et les bureaux, se trouvent les jardins potagers où les futurs missionnaires reçoivent les rudiments d'un enseignement agricole

Entre le parc et les potagers se dresse, avec sa croix et ses bas-reliefs de style gothique, la chapelle surmontant la tombe de Paul Libermann. En ce début de matinée, nous étions les seuls visiteurs. Un silence profond régnait alentour ; au loin, des prêtres en soutanes noires se penchaient sur les pieds de vignes et les plants de pommes de terre. Tout respirait la paix et la sérénité.

Quelques semaines plus tard, le 14 juillet 1939, un mois et demi avant l'éclatement de la seconde guerre mondiale, nous assistâmes, près de l'Arc de Triomphe, au défilé de l'armée française. Après les troupes de la métropole, ce fut le tour des unités coloniales : Sénégalais, Berbères, Malgaches, descendants d'ancêtres évangélisés par des disciples de Libermann, martelèrent de leurs pas l'asphalte des Champs-Elysées. Ils étaient membres à part entière de la civilisation européenne... mais comment ne pas s'interroger sur l'apport de celle-ci en ces semaines critiques où les meilleurs esprits se demandaient s'il valait mieux sauvegarder la paix ou déclarer la guerre à la barbarie ?

---

* Depuis le 4 juillet 1967, son tombeau se trouve dans la chapelle de la maison mère de la Congrégation du Saint-Esprit, 30, rue Lhomond, Paris 5ème.

L'HARMATTAN, ITALIA
Via Degli Artisti 15 ; 10124 Torino

L'HARMATTAN HONGRIE
Könyvesbolt ; Kossuth L. u. 14-16
1053 Budapest

L'HARMATTAN BURKINA FASO
Rue 15.167 Route du Pô Patte d'oie
12 BP 226
Ouagadougou 12
(00226) 50 37 54 36

ESPACE L'HARMATTAN KINSHASA
Faculté des Sciences Sociales,
Politiques et Administratives
BP243, KIN XI ; Université de Kinshasa

L'HARMATTAN GUINÉE
Almamya Rue KA 028
En face du restaurant le cèdre
OKB agency BP 3470 Conakry
(00224) 60 20 85 08
harmattanguinee@yahoo.fr

L'HARMATTAN CÔTE D'IVOIRE
M. Etien N'dah Ahmon
Résidence Karl / cité des arts
Abidjan-Cocody 03 BP 1588 Abidjan 03
(00225) 05 77 87 31

L'HARMATTAN MAURITANIE
Espace El Kettab du livre francophone
N° 472 avenue Palais des Congrès
BP 316 Nouakchott
(00222) 63 25 980

L'HARMATTAN CAMEROUN
BP 11486
(00237) 458 67 00
(00237) 976 61 66
harmattancam@yahoo.fr

576349 - Septembre 2014
Achevé d'imprimer par

Printed in Poland
by Amazon Fulfillment
Poland Sp. z o.o., Wrocław